当代幼儿教师丛书

幼儿园环境设计的整合与创建

——从“环境设计”到“环境布置”

吕袁媛　华　丽　王玉月　著

科学出版社

北　京

内 容 简 介

本书从学前教育专业幼儿园环境创设课程实际出发，以《幼儿园教育指导纲要（试行）》与《3—6岁儿童学习与发展指南》为依据，以应用型人才培养为目标，从“环境设计”到“环境布置”的视角，将幼儿园环境创设理论与实际应用相结合，着重强调环境设计与布置的实践能力和创造思维的培养。

全书共六章，分别为：设计与幼儿园、幼儿园环境创设理论与指导、幼儿园班级主题墙布置、幼儿园班级常见区角布置、幼儿园公共活动区域的布置、幼儿园功能室的布置与户外环境的美化。全书配有大量的案例和优秀作品展示，突出了实践性，便于学习者参考。

本书适合高等院校学前教育专业本、专科学生使用，也可作为幼儿园教师的教学参考用书。

图书在版编目（CIP）数据

幼儿园环境设计的整合与创建：从“环境设计”到“环境布置”/吕袁媛，华丽，王玉月著．—北京：科学出版社，2018.8

（当代幼儿教师丛书）

ISBN 978-7-03-057262-2

Ⅰ．①幼…　Ⅱ．①吕…　②华…　③王…　Ⅲ．①幼儿园－环境设计－幼儿师范学校－教材　Ⅳ．①G617

中国版本图书馆CIP数据核字（2018）第081931号

责任编辑：胡云志　滕　云／责任校对：郭瑞芝

责任印制：张　伟／设计制作：华路天然工作室

科学出版社 出版

北京东黄城根北街16号

邮政编码：100717

http://www.sciencep.com

北京虎彩文化传播有限公司 印刷

科学出版社发行　各地新华书店经销

*

2018年8月第　一　版　开本：720×1000　1/16

2023年8月第七次印刷　印张：14 1/4

字数：300 000

定价：58.00元

（如有印装质量问题，我社负责调换）

前　言

2010年国务院出台《关于当前发展学前教育的若干意见》，标志着我国学前教育步入优质化、科学化的发展道路。随着学前教育改革的发展，对学前教育专业人才的需求呈现高层次、专业化、有特色、多样性的发展趋势，体现在学前教育专业的教育教学中，培养学生的实践能力与创新思维是关键。本书为适应当前学前教育的实际状况和教师资格制度的改革要求，培养高素质、应用型幼儿师资人才，基于从“环境设计”到“环境创设”的视角编著而成，本书是国家级特色专业（学前教育专业）系列教材之一。

本书以2001年颁布的《幼儿园教育指导纲要（试行）》与2012年颁布的《3—6岁儿童学习与发展指南》为依据，以应用型人才培养为目标，以幼儿教师专业标准为基础，以“教学实践伴随课程”为载体，以“艺术特色见长，实践能力突出”为标志的“理论性＋实践性＋艺术性”三性合一的特色化人才培养为指导思想。在内容上，吸收儿童发展理论和幼儿园环境创设的最新研究成果，同时融入国家教师资格保教知识与能力部分关于环境创设方面的内容，对编写形式和风格也进行了新的尝试，强调幼儿园环境创设教学的现实性、实效性和针对性。

本书共六章，每章编写力求突出以下内容：第一章设计与幼儿园，探讨了幼儿园整体形象设计和幼儿园环境设计中的色彩与形式美，把设计理论融入幼儿园的整体环境创设中，培养读者环境创设的整体性意识，提高读者幼儿园形象设计的能力。第二章幼儿园环境创设理论与指导，介绍了幼儿园环境创设的基本理论和幼儿园环境创设的方法，并整合了国家教师资格考试保教知识与能力部分有关环境创设方面的内容，帮助读者掌握考核重点，提高读者的理论素养和技能。第三章幼儿园班级主题墙布置，说明了幼儿园班级主题环境创设的类别和多种表现形式，通过大量的主题墙制作案例，帮助读者掌握幼儿园班级主题墙的设计方法，使读者能够灵活运用多种材料进行幼儿园主题墙面布置，培养学生的实践动手能力。第四章幼儿园班级常见区角布置，总结了幼儿园班级常见区角的布置方法和材料投放原则，结合幼儿园常见区角布置案例进行分析，最大限度地贴近幼儿园实际情境，提高学生区角空间设计、规划和布置的技能。第五章幼儿园公共活动区域的布置，介绍了幼儿园廊厅、休息室、盥洗室、储物区、门窗等公共区域环境的设计、布置与装饰的方法，力求丰富读者关于幼儿园教育实践的经验和体验，缩短读者从课堂走向实践的距离。第六章幼儿园功能室的布置与户外环境的美化，阐述了幼儿园各类功能室及户外各区域环境设置的要求与美化的方法，通过场景分析与案例介绍，进一步拓展读者的专业视野，加强读者对幼儿园整体环境的认识。

另外，为了更好地帮助读者掌握教学内容，本书在每一章节前设有“教学建议”，节后设有“课后思考与练习”，并配有优秀作品欣赏，图文并茂地展示幼儿园环境创设的具体内容。同时，每一章节还设计了丰富典型的教学案例，使读者更容易掌握并有效地进行实训。

本书由吕袁媛、华丽、王玉月著。第一章、第五章、第六章由沈阳师范大学吕袁媛撰写；第二章、第三章、第四章由沈阳师范大学华丽撰写。全书体例设计与调整、统稿等工作由吕袁媛、华丽共同完成。图片收集与整理由王玉月完成，案例制作内容选自沈阳师范大学学前与初等教育学院师生共同精心创作的作品。本书的编写得到了许多幼儿园老师的大力支持和配合，他们提供的照片和资料，使本书的内容更加充实，在此一并表示感谢。

特别致谢：沈阳市南宁幼儿园、沈阳市大东区教育局幼儿园、沈师大春天幼儿园、辽宁省人民政府机关幼儿园、东北育才幼儿园。

在本书编写过程中，学前教育著名专家但菲教授提出了宝贵的意见，同时，我们也参考了一些相关资料，对此我们对书中所用部分图片资料的作者表示衷心的感谢！本书是“‘童心奇迹环境创设工作室’大学生创新创业计划”的项目成果，感谢其资金支持。同时科学出版社为本书的出版做了大量、细致的工作，在此表示深切的感谢！

由于各地院校发展现状有一定的差异，本书虽已考虑适用的广泛性，但难免有疏漏和不足之处，敬请读者提出宝贵意见，便于在以后的再版中加以完善。

吕袁媛

2018 年 1 月于沈阳

目　录

第一章　设计与幼儿园

教学建议

1. 理解幼儿园视觉识别系统的构建。

2. 结合幼儿园实际，探讨幼儿园整体形象设计。

3. 了解幼儿园环境设计中的形式美法则，掌握运用色彩的方法。

4. 掌握幼儿园园徽、标志字体、象征图案、吉祥物等幼儿园基本视觉形象要素，学会设计并应用于实际环境中。

随着时代的发展，社会生活水平的提高，人们的艺术品位与审美需求越来越高，使得艺术设计在我们生活中无处不在，艺术设计及其理念影响着人们的思想意识、思维方式和生活方式，推动着整个社会的发展进程。设计对当代幼儿园的建设与发展也有着同样的影响，幼儿园为了打造自身形象、创造品牌，对园所内外环境进行创设，满足社会的需求，促进儿童的发展。

第一节　幼儿园形象设计概述

20 世纪 50 ～ 60 年代企业界就已提出企业形象的问题。企业通过导入组织识别系统或组织形象战略（corporate identity system，CIS 或 CI），以塑造卓越而富有个性的企业形象，打造品牌，使公众对企业产生深刻印象，赢得消费者的信赖与肯定。它依据企业的理念个性和行为规范，整合企业的各种形象资源，对企业的一切可视事物进行统筹设计、规划、控制和传播，使企业的形象识别要素个性化和统一化，以强化企业整体形象的视觉冲击力和市场竞争力。CI 系统由三个基本内容构成，即理念识别系统（mind identity，MI）、行为识别系统（behavior identity，BI）、视觉识别系统（visual identity，VI）（图 1-1）。CI 具有改善组织体制、实现可持续发展的宏观性作用，对幼儿园的发展具有一定的借鉴意义。

图 1-1 亚洲衣福方制衣股份有限公司 VI 设计

一、幼儿园形象系统构成

随着我国教育改革的深入，教育的国际竞争和国内竞争日趋激烈，幼儿园必须以战略的眼光来看待和关注其生存与发展，在努力提高教育质量的同时，还要注重树立自身的形象，进行设计与创造，使之形成鲜明的特色，形成品牌。当然，幼儿园形象系统是有别于企业形象系统的，它更注重的是社会效益。幼儿园形象系统由理念识别系统、行为识别系统、视觉识别系统三方面构成。其中 MI 是 CI 的大脑和灵魂；BI 是 CI 的骨骼和肌肉；VI 是 CI 的外表和形象，这三个方面环环相扣构建了幼儿园形象系统，如图 1-2 所示。

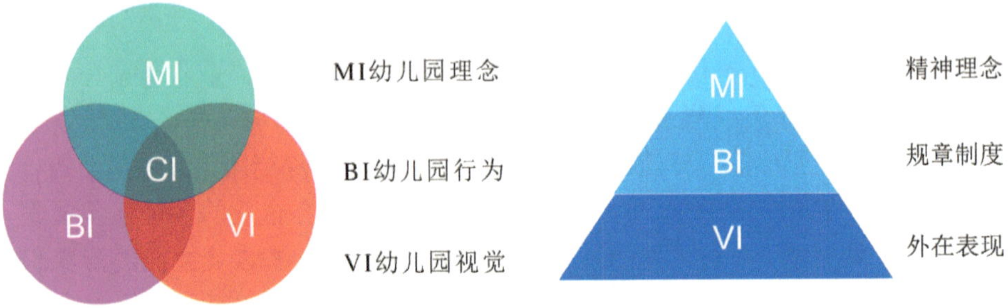

图 1-2 幼儿园识别系统构成图

（一）幼儿园理念识别系统

幼儿园理念识别系统是幼儿园教育观念、园务管理和幼儿园发展的战略性指导思想，是确立幼儿园独具特色的保教模式、经营管理和环境创设风格的基本理念。例如，幼儿园的办园宗旨、目标、幼儿园精神、办园特色、发展规划等。

在实际操作中，这些理念往往会具化成一句简明、醒目、亲切、很有号召力的口号。例如，“为孩子搭建创造的天梯”“给孩子一个放飞心灵的空间”“细心呵护，关注每个孩子，一切为了孩子”“在快乐中成长，在生活中实践”“培育参天大树，桃李遍布天下”等，这是对幼儿园历史、文化、思想的总结和提炼。

（二）幼儿园行为识别系统

幼儿园行为识别系统是幼儿园贯彻《幼儿园教育指导纲要（试行）》和创造良好品牌的准则。它是以幼儿园为基本出发点，在幼儿园内部建立和完善各种规章制度和建立行为规范。例如，奖罚制度、职工的业务培训、教育行为规范、生活行为规范和学习行为规范等。幼儿园行为识别系统通过与社区、家长、幼教同行及系统开展沟通、交流、学习进行幼儿园的形象宣传，从而创建幼儿园的优质品牌，如图 1-3 所示。

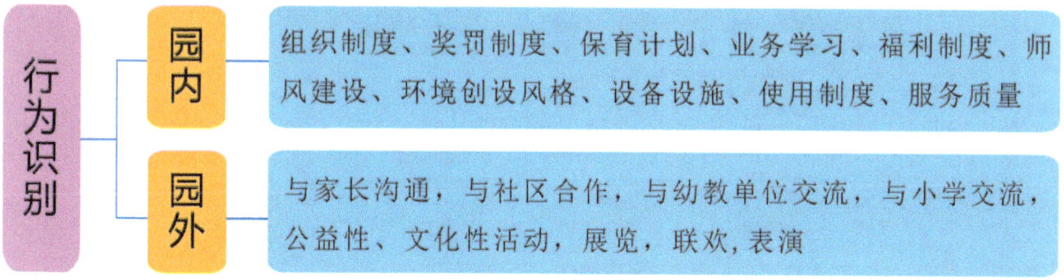

图 1-3　幼儿园行为识别系统构成图

（三）幼儿园视觉识别系统

幼儿园视觉识别系统是指幼儿园的外观形象，它将幼儿园管理、协调、教育、保教服务、交流、沟通等转换成具体的符号概念，塑造出富有特色的幼儿园视觉形象。幼儿园视觉识别系统包括基础要素和应用设计两部分内容，园所宣传册、园服、办公用品、标志性文化设施等应用设计部分，是以幼儿园园徽、标准字体、标准色彩、幼儿园吉祥物、象征图案等基本要素部分为核心展开的（图 1-4）。建立幼儿园视觉识别系统的目的是使所有到幼儿园来访的客人首先在视觉上对幼儿园产生良好的第一印象。

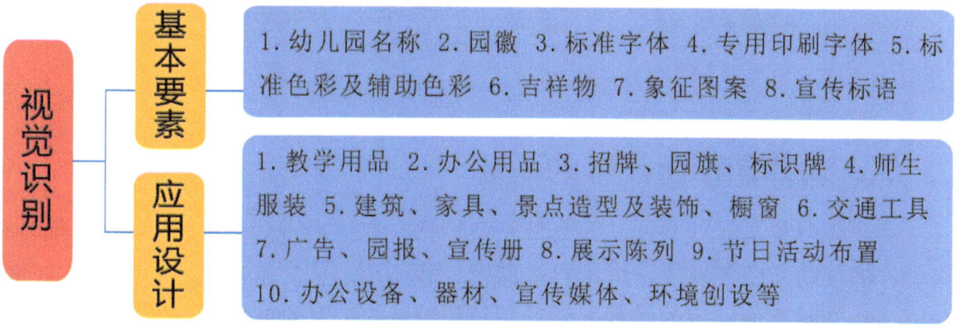

图 1-4　幼儿园视觉识别系统构成图

这一系统能更好地展示幼儿园的整体形象，因而最具有说服力、影响力和传播力，同时能有力地促进幼儿园创建一个健康向上、颇具特色的良好环境，方便幼儿园与家庭、社会和同行的沟通、合作与交流，有利于幼儿园品牌的形成与宣传，为幼儿园的发展创造更好的条件，如图 1-5 所示。

图 1-5　乐翔双语幼儿园 VI 案例

二、幼儿园形象设计的原则

幼儿园形象设计就是幼儿园形象系统设计，它运用现代教育理念和管理理念决策、规划幼儿园的发展，进行自主的设计和创造，使之形成鲜明的特色，并借助媒体向外界充分展示的过程。幼儿园形象设计主要从理念、行为、视觉这三个方面围绕“创造品牌，树立形象”这一中心任务展开。本章所涉及的幼儿园形象设计主要指的是幼儿园视觉形象设计。幼儿园形象设计具有以下原则。

（一）独特性原则

幼儿园形象不是标准化的、整齐划一的，而是具有独特个性、具有鲜明特色的，特色是塑造良好幼儿园形象的前提。每一所幼儿园应从自己的园情和特点出发，选择和确定办学理念和策略，塑造幼儿园形象，设计力求与众不同，以使社会公众能轻而易举地将其形象和其他类似形象区别开来，如图 1-6、图 1-7 所示。

图 1-6　幼儿园独特的建筑设计

图 1-7　幼儿园独特的室内设计

（二）整体性原则

幼儿园视觉形象设计的最大特征就是它的系统性、整体性。幼儿园在建立信誉、塑造设计形象的过程中，不能将各环节进行孤立的策划，而应在统一的原则指导下，进行全盘的考虑，坚持多视角、全方位开展工作，如图 1-8、图 1-9 所示。

图 1-8　幼儿园室外色彩设计

图 1-9　室内色彩与室外色彩整体性体现

（三）形象性原则

坚持形象性原则是指幼儿园在塑造形象的过程中，应选择一个吸引公众的形象作为追求的目标。形象性原则要求幼儿园充分运用象征性标记。幼儿园要设计出引人注目、易于识别的象征性标记（园徽、园服、校舍等），并运用各种媒介广为传播，使公众将幼儿园形象与幼儿园的象征性标记联系起来，建立联想。同时，幼儿园教师也能从象征性的标记中意识到自己的责任，产生荣辱与共的情意，如图 1-10、图 1-11 所示。

图 1-10　幼儿园园旗与园徽

图 1-11　幼儿园园徽、字体的应用设计

（四）发展性原则

幼儿园的形象塑造不是一朝一夕所能完成的，它需要具备一定的条件，采用逐步推进的策略。在进行幼儿园形象设计时要更多地考虑未来一个阶段幼儿园发展对形象的需求，并留出足够的延展空间，如图 1-12、图 1-13 所示。

图 1-12　楼顶建筑空间设计

图 1-13　楼体采光设计

（五）可操作原则

幼儿园形象设计系统的有效实施是形象策划的直接目的。因此，必须十分注重可操作性，包括在具体实施上有可操作性的方法和原则，如图 1-14、图 1-15 所示。

图 1-14　可拼摆的桌椅设计

图 1-15　可组合的功能室设计

（六）艺术性原则

幼儿园园徽、标准字、象征图案、标准色彩等设计是一种视觉艺术，在设计时除了考虑其功能性外，还要充分体现一定的艺术美感。同时，对幼儿园整体环境的欣赏过程也是一种审美过程。因此幼儿园的形象设计必须符合美学原理，适应人们的审美需求，如图 1-16、图 1-17 所示。

图 1-16　幼儿园室内吊饰设计

图 1-17　幼儿园室内墙面绘制

目前，多数幼儿园不再局限于室内的墙饰，而是扩展到了整个空间和外部环境的艺术创设。幼儿园形象设计就是融入设计理念、运用设计方法将幼儿园的可视环境进行整体规划与布置，并指导幼儿园教师运用设计的基本元素进行环境装饰，以达到幼儿园室内、室外风格的协调统一，增强幼儿园整体环境的艺术性、教育性、科学性和情趣性，保障了环境为幼教服务的功能。

第二节　幼儿园视觉形象的设计

幼儿园视觉形象的设计包括园徽设计（标志设计）、标准字体设计、标准色彩设计、吉祥物设计等基本要素设计和办公用品设计、宣传册设计、建筑设计等应用部分设计。基本要素设计部分直接决定了整个幼儿园的形象特征，应用设计部分则是基本要素在组织所有传播载体和应用环境中的具体体现，两者相辅相成，缺一不可。幼儿园通过这一套完整的、系统的视觉符号来宣传自身形象，传达信息。

一、基本要素设计

基本要素设计包括园徽设计（标志设计）、标准字体设计、标准色彩设计、吉祥物设计、象征图案设计等。其中园徽设计是整个视觉形象设计的核心部分，标准字体和标准色彩是整个设计的灵魂，而吉祥物的设计是最贴近幼儿的造型符号体现。

（一）幼儿园名称与标准字体

幼儿园名称作为一个幼儿园的文字符号，它与幼儿园的形象有着紧密的联系。一个名称的确定，必须与幼儿园的目标、特点、精神及发展战略相符合，还要考虑幼儿的审美情趣，体现孩子们的童真、童趣。幼儿园名称可以与地名、辖区、单位、系统等相联系，也可与幼儿园教育特点、特定寓意和童真稚气相符合，要易读易记、趣味生动，同时要避免生僻字，注意与其他幼儿园名称的区别，如图 1-18 ～图 1-23 所示。

图 1-18　以辖区相联系命名的幼儿园

图 1-19　以系统相联系命名的幼儿园

图 1-20　以特定寓意命名的幼儿园

图 1-21　以幼儿园教育特点和童真稚气命名的幼儿园

图 1-22　以特定喻义命名的幼儿园

图 1-23　以捐资办园的人名和有纪念意义命名的幼儿园

幼儿园的标准字体包括中、英文，少数民族地区还应有其民族的文字字体。字体的设计和选用要反映出幼儿园的特点和明确的说明性，除了考虑儿童的审美情趣外，还要体现童真、童趣的特征。线条和笔画要清晰并富有变化，可采用电脑字库里比较活跃、生动的字体，如广告体、少儿体、稚艺体、黑体等；也可以用专门设计的字体；还可以用中国书法作为标准字体。但要注意中、英文字体的特点和风格要统一，同时要考虑字体与标志组合时的相互协调，如图 1-24 ～图 1-27。

图 1-24　方正稚艺简体

图 1-25　专门设计的字体

图 1-26　隶书变体

图 1-27　书法

（二）幼儿园园徽（标志）

幼儿园园徽设计应通过一定的图案、色调、文字和式样，体现幼儿园的办园方向、教育目标、理念精神和鲜明特色。园徽确定后，要反复出现在幼儿园公共的展示物上。幼儿园园徽通过简练的造型、生动的形象、独特的形式、明快而醒目的色彩来体现幼儿园的形象，它是以图形或文字组合等方式，展现幼儿园文化含义的视觉符号。

1. 园徽的图形符号设计

园徽的图形符号设计方法主要有抽象符号、象形符号和图画三种。

（1）抽象符号是用非形象图案或几何构型来表示幼儿园的办园理念及精神文化。设计这种园徽最重要的是如何处理线条和形状，如强弱、粗细、疏密等，这些图形能唤起观看人的情绪反应，视觉冲击力强；也可从代表幼儿园特色的现实事物开始，采用简化、提炼、概括、夸张等方法对其加以抽象变形，使之艺术化，如图 1-28 ～图 1-30 所示。

图 1-28　以几何构型设计的园徽

图 1-29　以非形象图案设计的园徽（一）

图 1-30　以非形象图案设计的园徽（二）

（2）象形符号是直接刻画对象特征形态的符号，也可在抽象中加象形。象形符号生动活泼，削弱了呆板的感觉，更易于理解，如图 1-31 ～图 1-36 所示。

图 1-31　以白鸽为创作基础对象

图 1-32　对白鸽的外形特征加以概括抽象

图 1-33　最后形成标志图形

图 1-34　以幼儿园园所的外形特征为象形符号设计的园徽

图 1-35　以手的外形特征为象形符号设计的园徽

图 1-36　以俯视角度的成人拥抱幼儿的外形为象形符号设计的园徽

（3）图画是直接用卡通、漫画、版画、剪纸等手法刻画形象以表达标志的含义。图画是真实、直接刻画对象的表现方法，如图 1-37 ～图 1-39 所示。

图 1-37　以创意绘画大脑为图形符号设计的园徽

图 1-38　以漫画人物为图形符号设计的园徽

图 1-39　以卡通形象为图形符号设计的园徽

2. 园徽的文字符号设计

文字也可以直接作为标志，可用中文、外文或数字加以装饰变化而成。常用的设计方法有印章法、组合法，设计时要注意字体上的配置关系。

印章法是指采用中国传统印章为底纹或元素的方法，这种方法给人一种悠久的历史感，如图 1-40 所示。

组合法是用图形、文字进行变化组合的一种方法。一般以幼儿园名称的文字或字母按次序连接而成，也可由幼儿园名称的字头和首字母组合而成，还可以用幼儿园名称的首字母与图形相结合而成，如图 1-41、图 1-42 所示。

图 1-40　以印章法设计的园徽

图 1-41　以英文首字母组合设计的园徽

图 1-42　以幼儿园名称的首字母与图形相结合设计的园徽

幼儿园园徽可以通过画图来制作，也可运用图像处理软件进行设计制作，然后再进行专业的印刷与输出，常用的绘制软件有 Photoshop、Illustrator 等。

（三）标准色彩

标准色彩是幼儿园将某一特定色彩或一组色彩，运用在所有视觉传达设计的媒体上的相对固定的色彩。在选用色彩时，最好不要超过三个颜色；在应用时，可选用一些辅助性色彩，这样能创造出更好的效果。为了保证传递信息的准确性，应严格按照色标调色并标记出印刷色的颜色值（C、M、Y、K 就是通常采用的印刷四原色）。如遇特殊情况无法按色标所标注的色值进行实物制作时，采用的颜色应尽量接近色标所标注的标准色彩。标准色彩要符合幼儿的视觉感受和审美情趣，一般与幼儿园园徽、标准字体等相配合。

标准色的设定种类包括单色标准色、复合标准色、辅助色等。

1. 单色标准色

色彩单纯强烈、印象深刻、记忆度高，是最常见的标准色形式，如图 1-43、图 1-44 所示。

图 1-43　标准色：绿色

图 1-44　标准色：紫色

2. 复合标准色

两个以上色彩搭配，追求对比或调和的视觉效果，色彩丰富，如图 1-45、图 1-46 所示。

图 1-45　标准色：浅蓝色、深蓝色

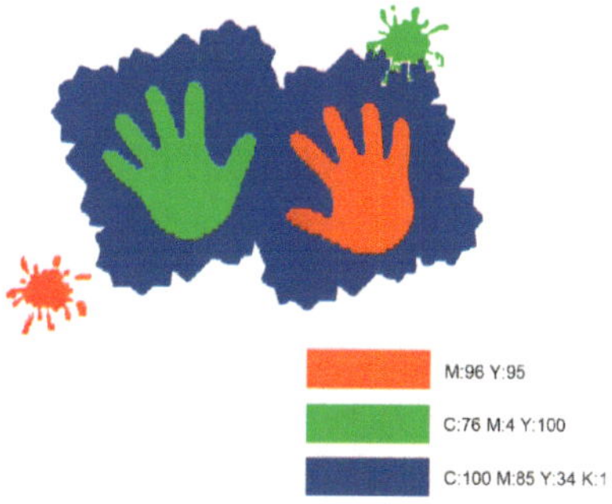

图 1-46　标准色：红色、绿色、深蓝色

3. 辅助色

多色彩系统的标准色形式，主要是利用色彩的差异区分主园和分园的不同以及子母机构的区分，如图 1-47 所示。

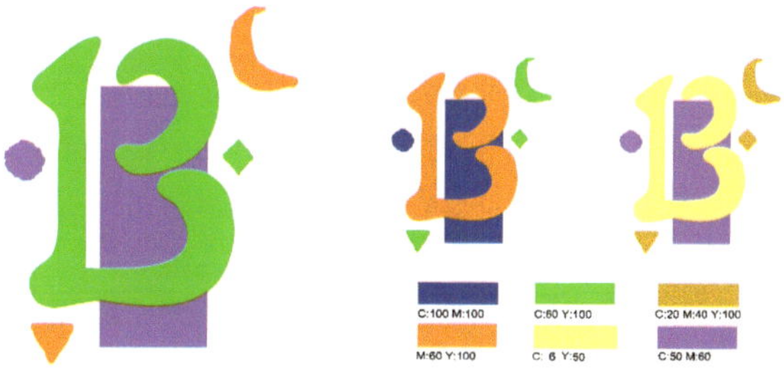

图 1-47　标准色：紫色、绿色、橙色；辅助色：深蓝色、乳白色、土黄色

（四）吉祥物

幼儿园吉祥物是借助卡通化的人物、动物、植物等形象而设计的标志性的造型符号，它象征着欢乐、吉祥，内含幼儿园的教育理念。幼儿园吉祥物的造型应是聪明、活泼、和蔼可亲、幽默的视觉形象，能充分表达幼儿园的精神和目标。设计时，要充分考虑到幼儿的喜爱因素，经过巧妙构思和艺术处理，并能通过此形象唤起幼儿与家长的注意和好感。

吉祥物的设计方法有以下三点。

（1）从家喻户晓的童话故事或民间传说中选择富有个性特征的角色充当吉祥物，如图 1-48 ～图 1-50 所示。

图 1-48　吉祥物：淘淘

图 1-49　吉祥物：小鲤鱼

图 1-50　吉祥物：乐乐龙

（2）从体现幼儿园园徽的意义，或补充或说明幼儿园精神，用的拟人化的动物、植物设计吉祥物，如图 1-51 ～图 1-53 所示。

图 1-51　吉祥物：贝贝

图 1-52　吉祥物：飞飞

图 1-53　吉祥物：豆豆

（3）从体现教育的方式或教育意义考虑，充分利用形体、表情、服饰等变化设计吉祥物，如图 1-54 ～图 1-56 所示。

图 1-54　吉祥物：鹰博士

图 1-55　吉祥物：慧慧

图 1-56　吉祥物：聪聪

（五）象征图案

象征图案又称辅助图形，主要用来作为视觉形象的辅助识别，避免标志加名称的单调，可以用来丰富形象、调整版面布局，让人印象更加深刻。幼儿园象征图案是为了配合基本要素而设计的图案，它的形象设计在内涵上要体现幼儿园的特色，也可从标志图形中变化而来。它能够丰富造型，使其应用要素的设计更加生动，特点更加鲜明，意义更加完整，更具表现力和影响力。

辅助图形的设计方法有以下三点。

（1）从幼儿园标志图形的某些要素中衍生变化而来。可在标志的基础上进行造型的翻转、变换、提取、重复或者以标志的曲线形状作为分割线形成辅助图形，甚至可以直接将标志色彩淡化并放大作为辅助图形使用等，如图 1-57 ～图 1-61 所示。

图 1-57　童之梦幼儿园园徽与标准字

图 1-58　在园徽的基础上进行造型的变换、提取，形成辅助图形

图 1-59　通过重复、翻转标志图形，形成更多的辅助图形

图 1-60　彩色童年幼儿园园徽

图 1-61　通过标志图形的几何形状、色彩等要素衍生变化而来的辅助图形

（2）设计象征造型。从对标志设计含义进行诠释或从联想启发的角度来思考，以此作为造型设计的切入点进行象征造型设计。其造型与标志不一定有直接关系，这种辅助图形可以是具象的，也可以将具象与抽象结合，如图 1-62、图 1-63 所示。

图 1-62　百灵鸟幼儿园园徽

图 1-63　通过联想启发进行象征造型设计后的象征图案

（3）强调或装饰标志。对于造型与标志关系不大，但是能起到凸显或装饰标志作用的这类辅助图形，可以从对比、装饰或强化的角度来设计其造型，如图 1-64、图 1-65 所示。

图 1-64　花朵幼儿园园徽

图 1-65　以装饰的方法设计的象征图案

幼儿园辅助图形常应用在工作手册、文件袋、各种礼品、园服的设计上，给人以亲切感和装饰美感。辅助图形有时也可作为装饰花边、象征图形、象征纹样等，在幼儿园形象设计系统中常被灵活运用，强化幼儿园形象，弥补基本要素设计运用的不足。

二、应用设计

应用设计是对基本要素在各种媒体上的应用所做出的具体而明确的规定。当幼儿园视觉识别最基本要素即园徽、标准字、标准色等被确定后，就要从事这些要素的精细化作业，开发各应用项目。应用要素部分因幼儿园的规模、教育体制的差异而有不同的组合形式。最基本的是将幼儿园名称的标准字与园徽等组成不同的单元，以配合各种不同的应用项目。当各种视觉设计要素在各应用项目上的组合关系确定后，就应严格地固定下来，以期达到通过同一性、系统化来加强视觉诉求力的作用。应用设计一般有如下内容。

（一）办公事务用品

办公事务用品是通过日常工作向社会各界传达形象的一个重要途径，经过系统设计的办公事务用品能够充分体现幼儿园的统一性和规范化，表现出幼儿园的整体形象。办公事务用品与园徽、标准字体、色彩的有机结合，给人一种全新的感受，同时展示出现代化幼儿园向各领域传播的攻势。包括信封、信纸、便笺、名片、徽章、工作证、请柬、文件夹、介绍信、账票、备忘录、资料袋、公文表格等，如图 1-66 ～图 1-68 所示。

图 1-66　信封、信纸、名片、员工手册

图 1-67　工作证

图 1-68　徽章

（二）幼儿园外部建筑环境

幼儿园外部建筑环境是幼儿园形象在公共场合的视觉再现。在设计上突出幼儿园的主建筑，强调识别标志，借助幼儿园周围环境、自然资源构建形象统一的特色幼儿园。主要包括建筑造型、旗帜、门面、公共识标牌、路标指示牌、宣传栏等，如图 1-69、图 1-70 所示。

图 1-69　幼儿园建筑

图 1-70　园旗

（三）幼儿园内部建筑环境

幼儿园内部建筑环境是指幼儿园的班级、办公室、会议室、功能室、廊厅等建筑内部环境的形象。设计时要把幼儿园识别标志（园徽、标志色彩、象征图案等）贯穿于室内环境之中，从根本上塑造、渲染、传播幼儿园识别形象，充分体现幼儿园形象的统一性。主要包括班牌、吊旗、吊牌、通知栏等，如图 1-71 ～图 1-73 所示。

图 1-71　班牌

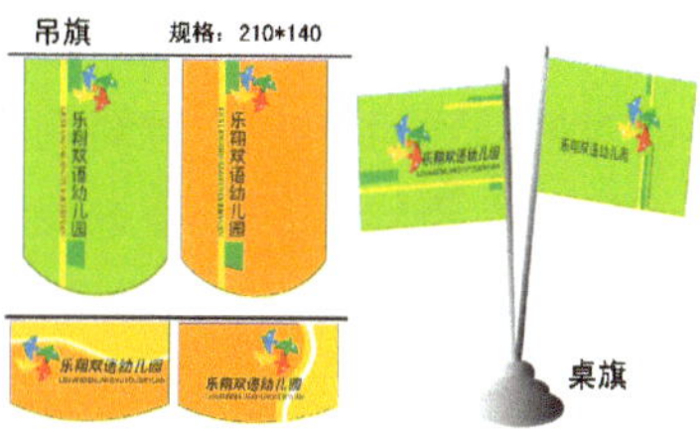

图 1-72　吊旗、桌旗

图 1-73　吊牌

（四）交通工具

交通工具是一种流动性的幼儿园形象传播方式，其多次的流动并给人瞬间的记忆，有意无意地建立起幼儿园的形象。设计时应考虑交通工具快速流动的特点，运用标准字和标准色彩来统一交通工具的外观。交通工具上的园徽和字体应醒目、色彩要强烈才能引起人们注意，并最大限度地发挥其流动广告的视觉效果。主要包括校车、货车、工具车等，如图 1-74、图 1-75 所示。

图 1-74　幼儿园校车

图 1-75　校车的色彩与园徽

（五）服装服饰

服装服饰是指统一规范的幼儿园园服。园服可以提高幼儿园员工的归属感、荣誉感和主人翁意识，改变员工的精神面貌，促进工作效率的提高。设计时应严格区分出工作范围、性质和特点，符合不同岗位的着装要求。主要有园长制服、教师制服、儿童校服、帽子、徽章等，如图 1-76 ～图 1-78 所示。

图 1-76　教师制服

图 1-77　儿童园服

图 1-78　儿童书包、帽子

（六）赠送礼品

幼儿园馈赠的礼品也是一种行之有效的宣传形式。馈赠的礼品设计在体现整体性的同时又要有针对性，而且要加入对幼儿园办学理念和文化的理解，以及对赠送对象的理解。设计时，将幼儿园的基本视觉要素与日常生活用品或礼品进行组合并表现在相应的媒介上。主要有工艺品、U 盘、钥匙牌、雨伞、纪念章、手提袋等，如图 1-79 ～图 1-81 所示。

图 1-79　礼品盒

图 1-80　用园徽的造型设计的 U 盘

图 1-81　用园徽造型设计的蜡烛

（七）广告媒体

幼儿园选择各种不同的媒介对外宣传，最常见的方式有印刷品、电子传播媒介，如网站等。幼儿园网站能够将幼儿园的整体情况、师资力量、学期计划、每日食谱、新闻动态，以及幼儿在园中的表现、特长、喜好等全方位地展现在其中，通过网络进行快速简便的传播，服务家长的同时也树立了自己的品牌，展现了幼儿园的文化和风采。幼儿园还通过电视广告、报纸广告、招贴广告等广告媒体进行宣传，如图 1-82、图 1-83 所示。

图 1-82　幼儿园网站宣传

图 1-83　车站广告宣传

（八）印刷出版物

印刷出版物代表着幼儿园的形象直接与家长、同行、社会大众见面。在设计时为取得良好的视觉效果，表现出幼儿园文化，要做到编排一致，并将幼儿园园徽和标准字统一安置在某一特定的版式风格上。主要包括幼儿园宣传册、幼儿园简报、画册、年历等，如图 1-84 ～图 1-86 所示。

图 1-84　入园手册

图 1-85　年历

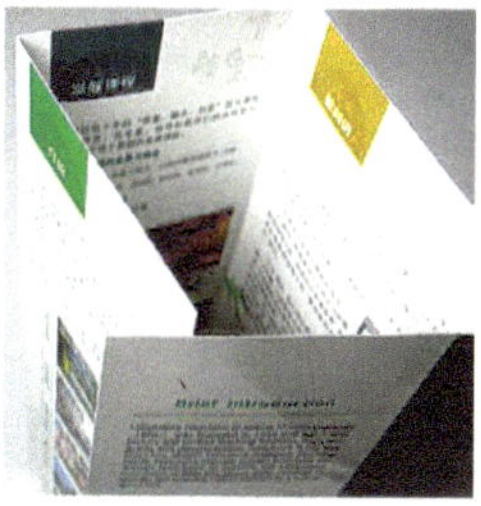

图 1-86　宣传册

随着时代的发展，新媒介不断地涌现，幼儿园形象设计的应用设计也越来越广泛，但始终离不开幼儿园形象设计的基本要素，这是幼儿园形象设计基本要素外化的具体表现。

三、幼儿园视觉形象设计案例

通过具体案例可以了解幼儿园视觉形象设计的制作流程及标准，掌握幼儿园视觉形象设计的方法，强化制作技巧。

案例：某油田幼儿园视觉形象设计

1. 园徽

园徽释义：油田幼儿园的园徽是由油田的“油”字和教育的“育”字的开头字母“Y”创意组合而成，相互连接的“Y”形成房屋和画笔的形象。“Y”字母与圆点组合造型又似“五个手拉手的儿童”，勇往直前、面向未来，“黄、中黄、橙、红四支渐变色的画笔”象征幼儿园丰富多彩的生活，合起来又似一个造型完美的“皇冠”，它是神圣、崇高的象征，代表着求学和远大的理想。园徽造型体现了“团结、友爱、互助、向上”的园风，蕴含了“尊重幼儿，健康成长，追求精致与卓越”的办园理念，如图 1-87、图 1-88 所示。

图 1-87　油田幼儿园园徽的标准形态

图 1-88　油田幼儿园园徽创意图形

注：创意图形一：由“Y”字母、画笔、家园进行联想组合而成；创意图形二：将“Y”字母连接并与代表儿童的“圆点”组合，似“五个手拉手的儿童”，象征团结、友爱、互助、向上

园徽的标准制图：通过方格图制图法，可以了解、辨识并掌握园徽的整体空间结构、造型比例及线形粗细等相互之间的关系，并可以依据此图精确地复制出较大标准形态的标志，如图 1-89 所示。

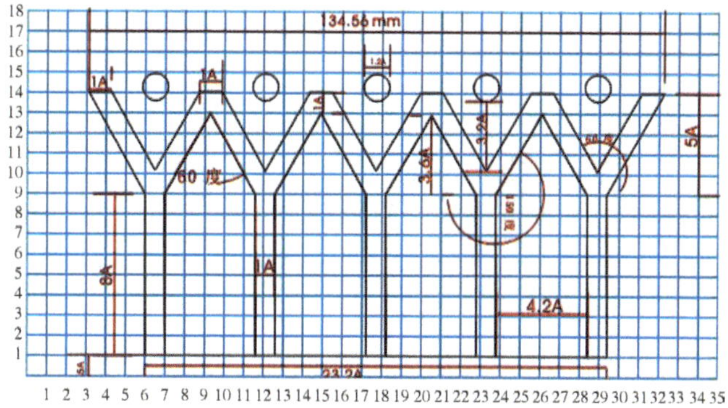

图 1-89　园徽的标准制图

2. 标准字体、标准色彩与辅助图形

标准字体包括中、英文标准字体；标准色彩包括基本色彩与辅助色彩；本设计的辅助图形是从标志图形（园徽）中变化而来的。在使用中须严格按照标准制图所规定的比例、尺寸使用，如图 1-90 ~ 图 1-92 所示。

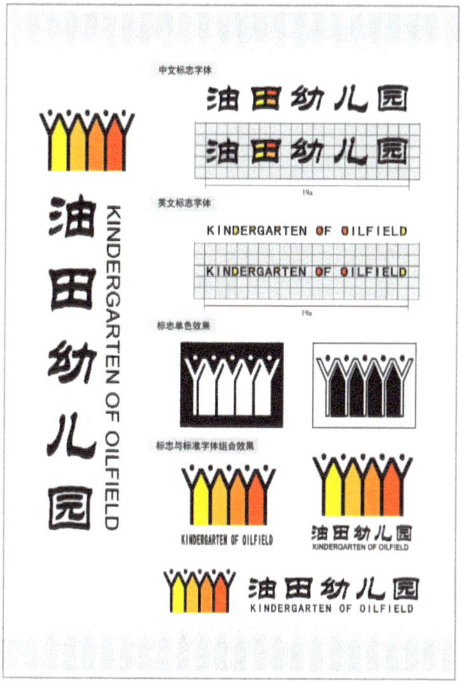

图 1-90　中英文标准字体、标志与标准字体组合

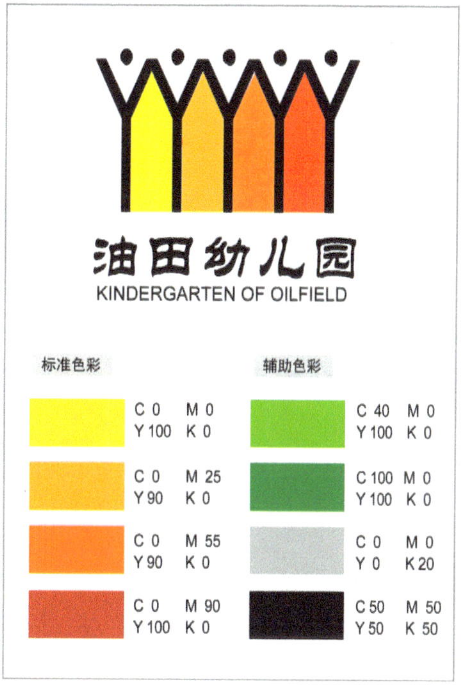

图 1-91　标准色彩与辅助色彩

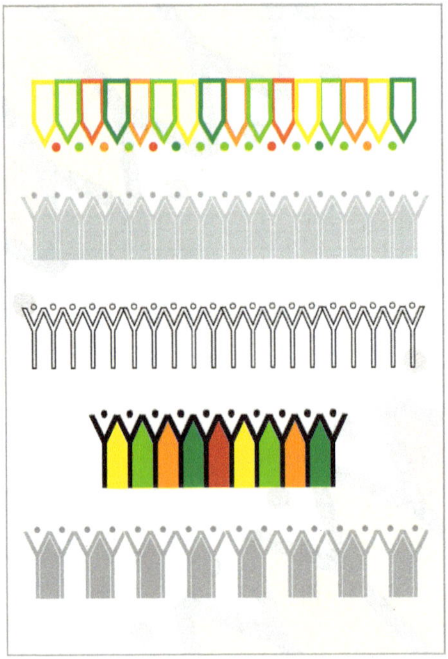

图 1-92　辅助图形

3. 名片

名片是幼儿园及其个人向外界传达信息的重要手段，其设计优劣直接影响幼儿园形象的树立、学校文化的品位和教师个人的品位。园长是教育服务的组织者，又是创建幼儿园品牌的设计者、服务者和指导者，园长名片的设计应与幼儿园的设计风格一致。如图 1-93、图 1-94 所示。

图 1-93　名片正面

注：规格：90 毫米 ×55 毫米，材质：200 克白色卡纸或近似纸张

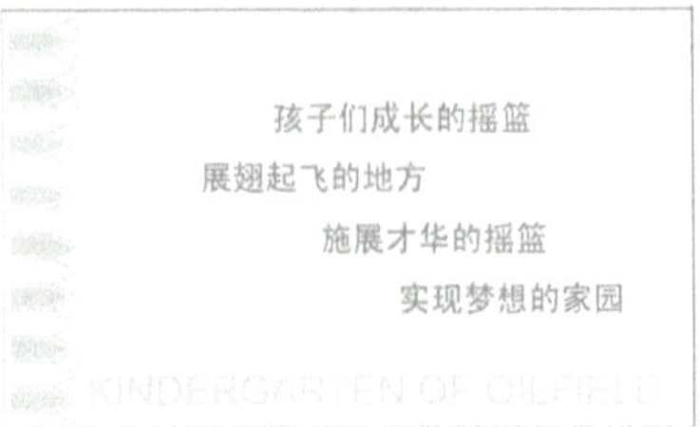

图 1-94　名片反面

注：工艺：正反面打印

4. 办公用品

办公用品是日常工作向社会各界传达形象的一个重要途径。经过系统设计办公用品能够有效和准确地向外界传达视觉形象信息。幼儿园常用的办公用品有信封、信纸、员工手册、教学手册、文件夹、光盘等，如图 1-95 ～图 1-97 所示。

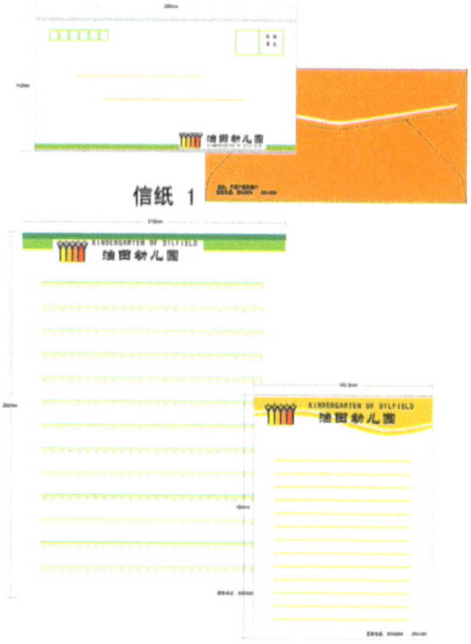

图 1-95　信封、信纸

注：信封按照 GB/T1416-93 国家 6 号普通信封标准制定，可由制定标准信封印刷厂印刷（纸质：120 克胶版或刚古、莱妮等特种纸、牛皮纸）；信纸的内容由标志形象，中、英文名称和电话，通信地址组成（规格：210 毫米 ×285 毫米，纸质：70 克、80 克胶版或相近纸质，纸色：白色）

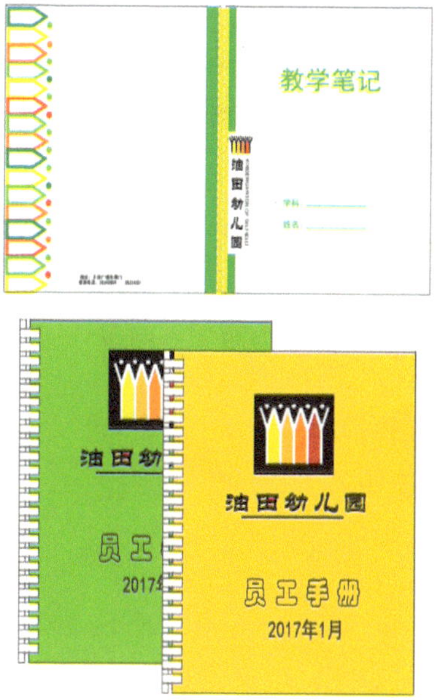

图 1-96　教学笔记、员工手册

注：教学笔记、员工手册是幼儿园内部教育、培训的重要文件，是体现幼儿园形象与实力的有效载体（规格：16 开，封面材质：彩色蜡光纸）

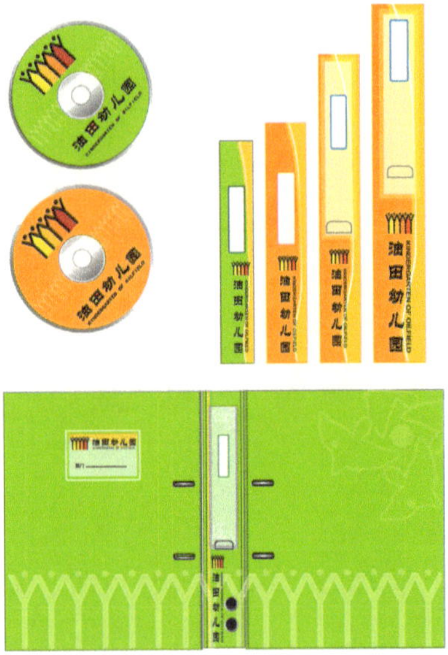

图 1-97　光盘和档案夹

注：档案夹是办公文件资料的存放用品，光盘是电子资料的存放用品，它们起着强化标识效果并传达幼儿园形象的作用，体现幼儿园的人文文化

5. 服饰

幼儿园服饰是幼儿园内部文化的一种重要传递方式，统一、规范的幼儿园服饰有利于树立幼儿园的整体文化形象和雄厚的实力背景，如图 1-98 所示。

图 1-98　幼儿园的服饰

注：油田幼儿园服饰分为教师、幼儿两种，教师的服饰又分为正装和工作服

6. 手提袋及礼品

手提袋经过精心的设计后，将有效地增强社会各界对油田幼儿园的认同度与美誉度；礼品也是对外宣传的一种手段，幼儿园常用的礼品有吉祥物、台历、挂牌等，图 1-99 ~ 图 1-101 所示。

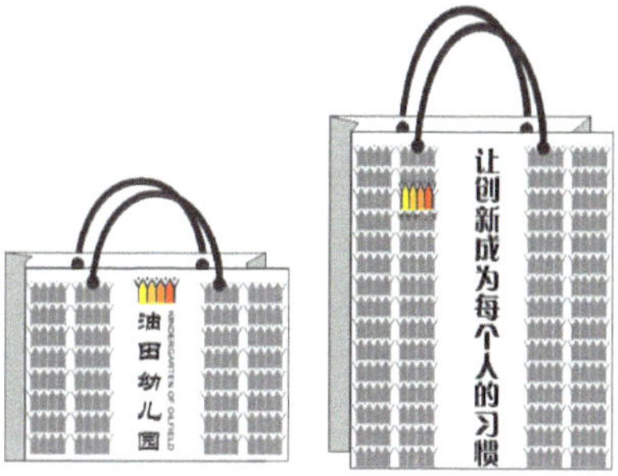

图 1-99　手提袋

注：手提袋封面可以运用标志图形、象征图案来设计，可加入幼儿园地址、联系方式等信息（标准规格：尺寸分 3 开、4 开；材质：可选用 200 克或者 230 克的铜版纸）

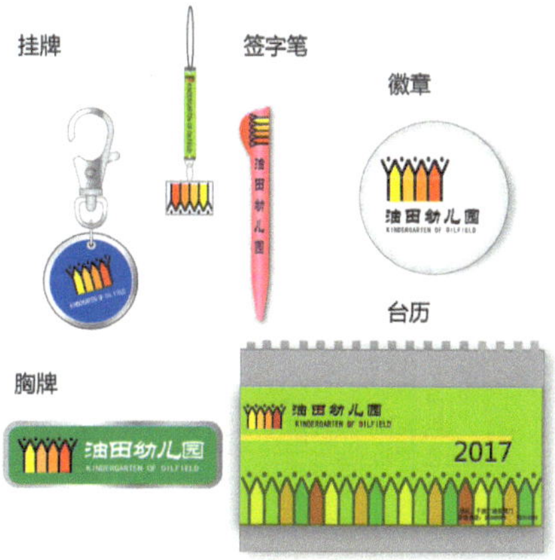

图 1-100　胸牌、挂牌、台历等

注：油田幼儿园的礼品有挂牌、台历、签字笔等，这些礼品制作成本低，又便于携带，有利于视觉信息传达

图 1-101　吉祥物海宝

注：吉祥物海宝可以制作成绒布玩偶作为礼品，也可以放在幼儿园班级中装饰环境

在油田幼儿园视觉形象设计案例中，标志图形（园徽）的设计最为重要，它是幼儿园人文精神的集中体现，通过标志图形、标准字体与象征图案的各种搭配、组合，形成不同的视觉形象，这种以标志图形为核心的“新形象”可以应用到幼儿园的各种物质环境中，如园旗、门牌、班牌、校车及班级装饰等。

第三节　幼儿园环境设计中的色彩与形式美

人类生活的环境因为有了丰富的色彩和美的形式而充满情趣。在幼儿园环境设计中不仅要掌握色彩的应用，还要了解美的各种形式法则并进行科学合理的运用，使之营造一个良好的艺术氛围，创设出更加舒适、优美、和谐的教育环境。

一、幼儿园环境设计中的色彩

幼儿园是幼儿学习、生活、娱乐的保教场所，幼儿特殊的审美情趣和心理特征，要求幼儿园色彩应具有符合幼儿心理感受的特性。良好的色彩环境，有助于塑造幼儿的性格和改善个性上的缺陷，有助于调节幼儿的情绪、情感，有助于从小培养幼儿爱美和审美的良好习惯以及开发幼儿的艺术潜质。同时，色彩可以改善环境空间，营造符合幼儿特点的艺术氛围和充满童趣的理想环境，使幼儿在美好的幼儿园环境中享受愉悦、幸福的生活，如图 1-102 所示。

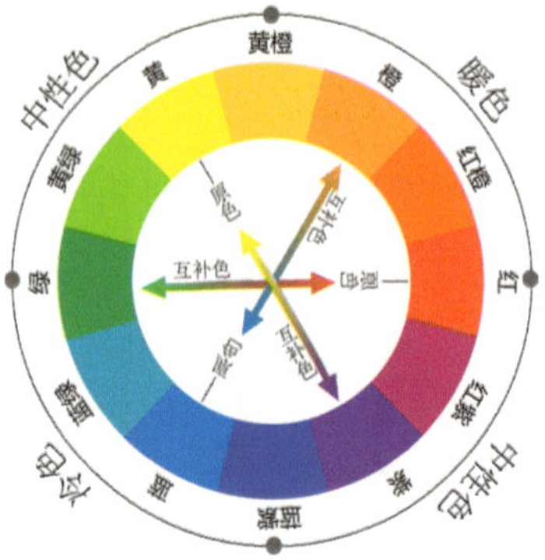

图 1-102　色相环

（一）色彩的视觉变化与情感

色彩不仅影响人的视觉感受，同时也影响人的心理。色彩给人的心理作用主要来源于它的愉悦性和情感性两个方面。它营造的氛围给人以美的享受，让人思绪万千，情感起伏，从而引起无限的心理联想，产生一系列的心理反应，同时又具有明显的象征作用。

1. 色彩的冷暖感

有红、橙倾向的色彩具有温暖的感觉；蓝、紫倾向的色彩具有寒冷与凉爽的感觉；绿色给人以平静、祥和之感，属中性色。幼儿图书角、棋类活动区、电脑房可以选用蓝、紫等冷色调，以增强科学感受和学术气氛；娃娃家可选用暖色调，让幼儿感觉更加温馨。在冬季，幼儿园的室内环境布置就宜多用橙、红、黄等暖色调，使幼儿能在寒冷的季节里感受到园内环境的温暖和勃勃生机，激发他们对生活的希望和热情，如图 1-103 ～图 1-106 所示。

图 1-103　暖感

图 1-104　娃娃家

图 1-105　冷感

图 1-106　阅读区

2. 色彩的进退感

色彩可以改变远近距离，使人感觉到远、近、凹、凸的变化。鲜艳、明快、暖色调的色彩给人以向前、凸出和近的感觉，如红、橙和明度高的色彩。冷色和灰暗的色彩给人一种后退、远离和凹的感觉，如灰绿、深蓝、深紫及明度低的色彩。根据色彩的进退感，常把幼儿园小剧场舞台背景应用为冷灰色，使之产生收缩、后退的效果；而把楼梯的栏杆扶手、阳台的护栏、大型玩具的扶手等用橙、红等暖色呈现，使之产生凸出、前进的效果，具有警示作用，如图 1-107 ～图 1-110 所示。

图 1-107　前进感

图 1-108　橙色楼梯扶手

图 1-109　后退感

图 1-110　紫灰色舞台背景

3. 色彩的体积感

色彩可使人们对物体体积的感觉发生变化，即色彩具有膨胀和收缩感。鲜艳、明度高及暖色调的色彩使物体的体积感增大；明度灰暗和冷色调的色彩使物体的体积感减小。人们往往用这种原理来改善视觉空间的特征，进而可以改变人的空间感觉。当室内空间过低且面积又小时，最好使用明亮且单一的色彩；当室内空间宽阔时，可用重色调色彩进行调和，以求得视觉上的稳定之感，如图 1-111 ～图 1-114 所示。

图 1-111　膨胀感

图 1-112　收缩感

图 1-113　单一色彩的室内布置

图 1-114　重色调室内设计

4. 色彩的轻重感

色彩能在人心理上产生轻重感。色彩的轻重感主要是由色彩的明度、彩度决定的。明度高、彩度低的物体感觉轻，明度低、彩度高的物体感觉重，白色感觉最轻，黑色感觉最重。在制作大的、轻的玩教具时要用明度高、彩度低的色彩，让幼儿视觉上感觉轻松，有去尝试搬运的勇气，如图 1-115 ～图 1-117 所示。

图 1-115　轻感

图 1-116　重感

图 1-117　沙区玩具

5. 色彩的心理联想和象征性

随着人们的心理联想，经过长时间的传承和习惯的影响，色彩就具有了某种特定的意义，也就慢慢形成了色彩的象征性。心理学家提出每一种色彩都具有象征意义，当视觉接触到某种颜色时，大脑神经便会接受色彩发放的信号，即时产生联想。

红色——会使人产生血、火、太阳、热情、危险、热烈等联想。一方面它代表着朝气、活力、冒险与上进；另一方面它也是侵略、残忍、骚动、不安的象征。

黄色——会使人产生黄金、秋叶、温情、光明等联想。它既代表了阳光、喜悦、光彩、乐观；也代表着嫉妒、懦弱与欺骗。

蓝色——会使人联想到海洋、天空、宇宙、安宁、冷漠、沉静和理性。它既有正面的象征意义，如效率、进取、忠诚、理智、永恒；也有反面的象征意义，如压抑、疏远、忧郁等。

橙色——会使人联想到橘子、柿子、砖、秋叶、晚霞、甜美和华丽等。一方面它象征着明朗、温情、欢喜与活泼；另一方面象征着炫耀、虚伪与嫉妒。

绿色——会使人联想到草木、树叶、希望、健康等。它象征着和平、和谐、肥沃、再生和成长；深绿色象征着传统、依赖和安心；黄绿色象征着青春、新鲜、跃动和希望。

紫色——会使人联想到葡萄、紫罗兰、茄子、丁香花、高贵、庄重与神秘。它既有正面的象征意义，如高尚、古朴、优雅；也有反面的象征意义，如消极、绝望等。

白色——会使人联想到雪、白纸、白云、砂糖、清洁、纯真等。它一方面象征着纯洁、神圣；另一方面又象征着空洞、单调与恐怖。

黑色——会使人联想到头发、黑夜、死亡与恐怖。它象征着邪恶、阴郁，同时又具有高贵、庄重、典雅的美感。

（二）色彩对幼儿心理的影响

婴儿喜爱红色和黄色。2～3岁幼儿喜爱纯色，讨厌浊色，认知能力较弱，选色无目的性，无固定的色彩喜好。4～6岁幼儿喜爱暖色系，有了个性化的色彩喜好。7～15岁的小学生中男生的色彩爱好依次是绿、红、青、黄、白、黑；女生的爱好依次是绿、红、白、青、黄、黑。随着年龄的增长，人们的色彩喜好逐渐向复色过渡，向黑色靠近。在整个幼儿时期是直觉思维时期，逻辑推理能力弱，缺乏联想、推论、象征的能力，所以色彩的复杂心理对他们不起作用，简单、鲜艳、明快、活泼的纯色调和甜美的柔和色调才是最值得他们欣赏的。

心理学家很早就发现了颜色对人心理活动的调节作用。一般说来，红色容易使人兴奋，蓝色容易使人安静，绿色容易使人具有活力。美国著名儿童心理学家阿尔修勒博士曾进行过为期一年的儿童色彩调查研究。他的研究发现，对于孩子们来说，色彩有其固定的意义。一般说来，酷爱黄色的孩子依赖性较强，宁愿一辈子扮演小孩子角色；爱好蓝色的孩子则具有老大或自私的倾向；红色意味着性格较为刚烈、调皮而感情丰富；粉色除了象征着充满爱心以外，也意味着具有高度的审美观，举止优雅、温柔、体贴；紫色是爽朗的代名词，个性上较为随和，没有什么心机，具有宽容的胸怀以及极强的好奇心和上进心；喜欢橙色的孩子个性较为活泼外向，人缘很好，但有点以自我为中心，不懂得体谅别人，有点“粗枝大叶”。阿尔修勒博士的这些结论对于我们观察孩子的个性有一定的指导意义，但并不能绝对化。孩子对颜色的偏好与执着并非与生俱来的，它是在成长中受到家庭、环境、教育不同程度的影响而形成的。这提示我们，应重视色彩在孩子心理发展中的影响。因此我们在为孩子选择家具、玩具、装饰材料时应仔细考虑颜色因素，为孩子搭配出一个缤纷且健康的彩色环境。

（三）色彩在幼儿园环境中的应用

幼儿园在色彩应用上要遵循幼儿的审美情趣、心理感受和生理反应的特点，应具有清新明快、鲜艳而不失雅致的风格。

1. 幼儿园环境中的一般色彩设计

每所幼儿园在应用色彩时，都要考虑自身情况，选择富有特色而又具有时代象征意义的主色彩。主色彩是幼儿园的标准色和象征色，它引领幼儿园色彩的主流，使之规范化、整体化。主色彩主要体现在墙面、地板、家具等大面积的地方，要尽量选用明度高且纯度偏中的色彩，如浅蓝、粉红、浅黄、粉绿、浅紫等色彩。

2. 幼儿园环境中的个性色彩设计

幼儿园在决定主色彩时，还要充分考虑幼儿园所处的地域，如我国西南地区，阴雨天气多、温差大、气候凉爽、寒冷时间也较长，可选用明度高且纯度偏中的暖色；南方地区气候炎热、湿润，宜用浅淡的绿色和蓝色；寒冷的北方，可选用纯度稍高的暖色。同一地区的不同朝向、不同环境的幼儿园选用主色彩时也应有所区别。朝阳的环境，光照多，色彩可偏冷。阴暗的环境，宜选择明度极高且偏暖的色彩。

幼儿园色彩除主色彩外，还应有其他辅助色，用于空间导向、识别、安全警示、陈设及装饰等方面。辅助色应采用鲜艳、醒目的色彩，便于营造一个欢快、活泼、新奇的环境，以增强识别和突出的效果，体现幼儿园的特点。辅助色既要同主色彩有区别与对比，又要考虑相互统一和协调。在设计幼儿园环境中的色彩时，还要考虑不同功能室、不同楼层、不同区域的色彩也应有一定区别。

3. 幼儿园室内环境的色彩设计

幼儿园活动室内的环境色彩，主要是指对室内墙面、天棚、地面的背景色彩和家具等设施主体色彩的选择。选择的原则是除应符合一般的审美心理要求外，还应考虑幼儿的喜好及要求，创造明快、欢愉、简洁的空间气氛。

墙面色彩作为整体空间的背景色，应以柔美、雅致的浅灰色及偏亮的暖色调如浅米黄、浅粉红等为宜。墙裙色彩可选用与墙面色彩接近的无光油漆；地面易弄脏，而且需有一定的稳定感，常采用较深的暖色调；天棚为增强室内漫射光的反射效果，并使空间不致造成视觉和心理上的压力，宜采用反射系数高的白色或浅色调；门、窗框的内表面色彩与墙面色调接近，以淡色调为宜，以降低其与墙面的亮度差，减少幼儿的视觉疲劳；幼儿园活动室内使用的家具、设施色彩常作为活动室的主体色彩，选择鲜艳、明快的暖色，在背景色彩的烘托下呈现幼儿活动空间的活泼、明快的气息。

二、幼儿园环境设计的形式美法则

形式美法则是人类在创造美的形式、美的过程中对美的形式规律的经验总结和抽象概括。环境创设表现的形式美法则主要包括变化与统一、对比与和谐、对称与均衡、节奏与韵律、空白与虚实、呼应与延续。

（一）变化与统一

变化体现了各种事物的千差万别，统一则体现了各种事物的共性和整体联系。变化与统一反映了客观事物本身的特点，即对立统一规律。在幼儿园环境创设中，丰富的色彩和表现手法的多样化可丰富环境的艺术性，但这些变化必须达到高度统一，使其统一于一个中心的视觉形象（幼儿园的视觉形象系统），这样才能构成一种有机整体的形式，如图 1-118 所示。

图 1-118　幼儿园环境布置中造型与色彩的变化与统一

（二）对比与和谐

对比就是使一些可比成分的对立特征更加明显、更加强烈，和谐就是使各个部分或因素之间相互协调。对比与和谐通常是某一方面居于主导地位。对比与和谐反映了矛盾的两种状态，对比是在差异中趋于对立，和谐是在差异中趋于一致。

在环境创设中常用明暗的对比、虚实的对比、冷暖的对比等表现手法来突出主题，如方圆、新旧、大小、黑白、深浅、粗细等。把两个明显对立的元素放在同一空间中，经过设计，使其既对立又谐调，既矛盾又统一，在强烈反差中获得鲜明对比，求得互补和满足的效果。

和谐包含谐调之意。在满足功能要求的前提下，使各种室内物体的形、色、光、质等组合得到谐调，成为一个非常和谐统一的整体。和谐还可分为环境及造型的和谐、材料质感的和谐、色调的和谐、风格样式的和谐等。和谐能使人们在视觉上、心理上获得宁静、平和的满足，如图 1-119 ～图 1-121 所示。

图 1-119 具有和谐美感的吊饰

图 1-120 具有色彩对比美感的墙饰

图 1-121 具有大小对比美感的吊饰

（三）对称与均衡

对称是形式美的传统技法，是人类最早掌握的形式美法则。对称又分为绝对对称和相对对称。上下、左右对称，同形、同色、同质对称为绝对对称。而在室内设计中采用的是相对对称。对称给人感受为秩序、庄重、整齐即和谐之美。

均衡是依中轴线、中心点不等形而等量的形体、构件、色彩等相配置，给人稳定的视觉艺术享受，使人获得视觉均衡心理。均衡和对称相比较，具有活泼、生动、和谐、优美之韵味，如图 1-122 ～图 1-124 所示。

图 1-122 具有对称美感的吊饰

图 1-123 具有均衡美感的墙饰

图 1-124 具有均衡美感的吊饰

（四）节奏与韵律

节奏与韵律是音乐中的词汇。节奏是指音乐中音响节拍轻重缓急有规律的变化和重复，韵律是在节奏的基础上赋予一定的情感色彩。前者着重运动过程中的形态变化，后者是神韵变化给人以情趣和精神上的满足。在环境创设表现中，节奏指一些元素有条理的反复、交替或排列，使人在视觉上感受到动态的连续性，就会产生节奏感。韵律不是简单的重复，它有一定变化的互相交替，是情调与节奏的融合，能在整体中产生不寻常的美感，如图 1-125 ～图 1-127 所示。

图 1-125　具有韵律美感的吊饰

图 1-126　具有节奏美感的吊饰

图 1-127　具有韵律美感的墙饰

（五）空白与虚实

空白的处理也就是空白空间的设计。幼儿园环境布置时，部分教师总想把素材安排得满满的，认为留有空间是一种浪费。其实这种庞杂堵塞的构图往往令人不悦，留不下深刻的印象。空白在构图上有着不可忽视的作用。这种构图上的“少”，却是效果上的“多”，使人产生兴趣，留下深刻印象。虚实作为一种表现形式是为深化主题服务的。主题背景墙设计时，主体部分要“实”，背景要“虚”，“虚”是为了突出“实”，应该藏虚露实、宾虚主实，不能平均处理，如图 1-128 ～图 1-130 所示。

图 1-128　具有空白美感的墙饰（一）

图 1-129　具有空白美感的墙饰（二）

图 1-130　具有虚实美感的吊饰

（六）呼应与延续

呼应如同形影相伴，在室内设计中，顶棚与地面、桌面与其他部位，采用呼应的手法进行造型或色彩的处理，会起到对应的作用。延续是指连续伸延。人们常用“形象”一词指一切物体的外表形状。如果将一个形象有规律地向上或向下，向左或向右连续下去就是延续。这种延续手法运用在空间之中，使空间获得扩张感或起到导向作用，甚至可以加深人们对环境中重点景物的印象，如图 1-131 ～图 1-133 所示。

图 1-131　顶棚与桌柜色彩呼应

图 1-132　顶棚形状向下延伸到墙面

图 1-133　几何形状向左、右延伸的墙面装饰

优秀作品欣赏

1. 幼儿园园徽欣赏

如图 1-134 ～图 1-145 所示。

图 1-134　幼儿园标志（一）

图 1-135　幼儿园标志（二）

图 1-136　幼儿园标志（三）

图 1-137　幼儿园标志（四）

图 1-138　幼儿园标志（五）

图 1-139　幼儿园标志（六）

图 1-140　大东区教育局幼儿园

图 1-141　军区幼儿园

图 1-142　小蜜蜂幼儿园

图 1-143　步步高幼儿园　　图 1-144　红缨幼儿园　　图 1-145　乐翔幼儿园

2. 幼儿园吉祥物欣赏

（1）吉祥物图例欣赏。

如图 1-146 ～图 1-151 所示。

图 1-146　吉祥物：明明

图 1-147　吉祥物：爱宝

图 1-148　吉祥物：露露

图 1-149　吉祥物：小苹果

图 1-150　吉祥物：快乐娃

图 1-151　吉祥物：智多星

（2）吉祥物实例欣赏。

如图 1-152 ～图 1-154 所示。

图 1-152　吉祥物：蒲公英菲菲、乐乐

图 1-153　吉祥物：香香

图 1-154　吉祥物：石榴宝宝

课后思考与练习

1. 拟定一个幼儿园，设计幼儿园名称、园徽、标准字体、标准色彩、象征图案与吉祥物，尺寸为 4 开画纸。

2. 以一个幼儿园的教学班级为例，谈一谈它在环境创设中色彩的应用与形式美法则的体现。

第二章　幼儿园环境创设理论与指导

教学建议

1. 理解幼儿园环境的概念与幼儿园环境创设的重要性。

2. 熟悉幼儿园环境创设的原则，能依照这些原则简单分析现实中幼儿园环境创设的优劣或存在的问题。

3. 掌握幼儿园环境创设的方法，能够结合实际分析各领域教学活动中环境创设的现状与问题。

4. 了解幼儿园人际环境的创设。

《幼儿园教育指导纲要（试行）》中指出："环境是重要的教育资源，应通过环境的创设和利用，有效促进幼儿的发展。"《幼儿园工作规程》中明确指出："创设与教育相适应的良好环境，为幼儿提供活动和表现的机会和条件，促进每个幼儿在不同水平上得到发展。"从这些论述中可以看出创设适宜的幼儿园环境是学前教育者最根本的任务。

第一节　幼儿园环境创设概述

"环境"就是我们"周围的地方"，或者是我们"周围的情况和条件"。我们无时无刻不身处"环境"中。对于现代社会的幼儿来说，幼儿园是一种特殊的社会生活环境和教育环境。为幼儿创设适合他们身心发展特点和需要的幼儿园环境，既是幼儿园创办者的职责，也是幼儿园园长和教师的重要任务。

一、幼儿园环境的概念

环境是相对于某一事物来说的，指围绕着某一事物（通常称其为主体）并对该事物产生某些影响的所有外界事物（通常称其为客体）的总和。尤•布朗芬布伦纳的社会生态学理论认为，环境是包含有机体本身以外的、影响人的发展或者受人的发展影响的任何事件或条件。在这个意义上，幼儿园环境是指影响幼儿教师与幼儿在园活动的一切外部条件的总和。

幼儿园环境的概念有广义和狭义之分。广义的幼儿园环境是指幼儿园教育赖以进行的一切条件的总和，它包括幼儿园内部的小环境，又包括园外的家庭、社会、自然、文化等大环境。狭义的幼儿园环境是指在幼儿园中，对幼儿身心发展产生影响的一切物质与精神要素的总和，它是涵盖幼儿园的全体工作人员、幼儿、幼儿园房舍、设备设施、空间布局及各种信息要素，并通过一定的教育制度与观念及文化传统所组织、综合的一种动态的、有形与无形相结合的教育空间。幼儿园环境按其性质可分为物质环境和精神环境两大类。

（一）物质环境

广义的物质环境是指对幼儿园教育产生影响的一切天然环境与人工环境中物质要素的总和，它包括自然风光、城市建筑、社区绿化、家庭物质条件、居室空间安排、室内装潢设计等。狭义的物质环境是指幼儿园内对幼儿发展有影响作用的各种物质要素的总和，它包括园舍建筑、园内装饰、场所布置、设备条件、室内外空间设计与利用及各种材料的选择与搭配等。

（二）精神环境

广义的精神环境泛指对幼儿园教育产生影响的整个社会精神因素的总和，主要包括社会的政治、经济、文化、艺术、道德、风俗习惯、生活方式、人际关系等。狭义的精神环境指幼儿园内对幼儿发展产生影响的一切精神因素的总和，主要包括教师的教育观念和行为、幼儿园人际关系、幼儿园文化氛围等。

幼儿园环境创设，主要是指教育者根据幼儿园教育的要求和幼儿身心发展规律的需要，充分挖掘和利用幼儿生活环境中的教育因素，并创设幼儿与环境积极作用的活动场景，把环境因素转化为教育因素，促进幼儿身心主动发展的过程。它既包括物的要素，也包括人的要素。

二、幼儿园环境的分类

对环境进行分类有助于我们更全面细致地认识其内涵，下面从多个维度对“幼儿园环境”进行分类。

（1）从幼儿活动的形式来分，幼儿园环境包括语言环境、运动环境、劳动环境和游戏环境。

（2）从幼儿园强调保教结合、保教并重这一特点来分，幼儿园环境又可分为保育环境和教育环境。

（3）从幼儿的生活、安全、活动和交往的需求来分，幼儿园的环境包括生存环境、安全环境、活动环境和交往环境。

（4）从幼儿园潜课程的结构及特征来分，幼儿园环境包括物质空间环境、组织制度环境与文化心理环境。其中物质空间环境是物化的思想、观念，是幼儿园的外观形象；组织制度环境是幼儿个体与集体行为的准则或规范；而文化心理环境是幼儿园环境的“精神理念”，隐含于正规课程、教育语言、教师的期望和态度、行为的心理环境及师生关系等方面之中。

（5）从幼儿在园一日活动的主要类型来分，幼儿园环境可分为生活活动环境、游戏活动环境和学习活动环境等。如果将幼儿的活动再具体化，幼儿园环境可划分为若干种更微观的环境，如游戏活动环境可分为户外游戏活动环境和室内游戏活动环境，两者还可以细分，如前者可分为玩沙玩水区环境、体育活动区环境等；后者又可以分为角色游戏区环境、表演游戏区环境、建构游戏区环境、认知活动区（阅读区、数学区、科学区、音乐区、美工区等）环境，等等。

（6）从幼儿环境构成内容的性质来分，幼儿园环境分为物质环境与精神环境两大类。本书中主要介绍物质环境创设与精神环境创设。

三、幼儿园环境创设的目标

幼儿园环境创设，首先要解决创设目标的问题。环境创设目标要符合幼儿教育的培养目标，具体而言就是要有利于幼儿的全面均衡发展。

2001 年，教育部颁布的《幼儿园教育指导纲要（试行）》中对幼儿园环境创设做了如下要求，我们可以将其看作我国幼儿园环境创设的总体目标。

（1）幼儿园的空间、设施、活动材料和常规要求等应有利于引发、支持幼儿的游戏和各种探索活动，有利于引发、支持幼儿与周围环境之间积极的相互作用。

（2）幼儿同伴群体及幼儿园教师集体是宝贵的教育资源，应充分发挥这一资源的作用。

（3）教师的态度和管理方式应有助于形成安全、温馨的心理环境，言行举止应成为幼儿学习的良好榜样。

（4）家庭是幼儿园重要的合作伙伴，应本着尊重、平等、合作的原则，争取家长的理解、支持和主动参与，并积极支持、帮助家长提高教育能力。

（5）充分利用自然环境和社区的教育资源，扩展幼儿生活和学习的空间，幼儿园同时应为社区的早期教育提供服务。

可以看出，以上几类幼儿园环境创设的目标都既关注到了幼儿发展的物质环境，又关注到了精神环境；既考虑到了环境对幼儿发展的引导作用，又考虑到了幼儿主动性的发挥；既看到了幼儿园内部环境对幼儿发展的影响，又看到了与幼儿园有关的园外环境对幼儿发展的作用。

另外，制定幼儿园环境创设的目标还要考虑两个方面，一方面是环境本身的教育功能，也就是说环境本身提供给幼儿的发展信息和发展的可能性；另一方面是环境创设服务于幼儿园课程的功能，即环境创设还发挥着为幼儿园课程顺利开展提供资源、做出引导、创造条件等作用。这两方面可以相互转化，互为补充，不能分开。

四、幼儿园环境创设的重要性

幼儿园是通过有目的、有计划、有系统地对学前儿童实施各类教育影响，促进他们健康成长的专门社会机构。幼儿就是在与幼儿园环境的相互作用中获得身体、认知、情感和社会性等方面全面发展的。“染于苍则苍，染于黄则黄。”由于幼儿年龄小，生理机能和心理发展不成熟，活动能力和独立思考能力较弱，缺乏对是非的判断能力和对环境的适应和改造能力，在与环境的互动中显得比较被动，很容易不加筛选地接受外部环境的影响，所以幼儿园为孩子创设良好环境的意义重大。

（一）创设良好的幼儿园环境可以促进幼儿的身体健康

《幼儿园教育指导纲要（试行）》指出：“幼儿园必须把保护幼儿的生命和促进幼儿的健康放在工作的首位。”幼儿正处于机体生长发育的重要时期，各个器官系统尚未发育成熟，生理机能不完善，疾病抵抗能力差，对环境的适应能力也较差，幼儿园能否提供合理的生活和活动环境，关系到幼儿正常的生长发育和身体健康。

幼儿从早晨入园到下午离园，在园一日生活的各个程序，都置身于幼儿园这个具体的场所中，幼儿园提供的生活环境和物质条件直接影响到幼儿的身体健康。这些环境可以是有形的、静态的物质环境，也可以是无形的、动态的精神环境，其中物质环境就是物质材料、设施、场地、自然条件（声、光、色彩、温度、气味）及班级规模、座位排列等；精神环境主要指人际关系和心理氛围，如亲子关系、师生关系、同伴关系、班级气氛，以及园风、整个社会风俗习惯等。良好的幼儿园环境以色彩明朗、空气清新、阳光充足、宽敞舒适、清洁安全为特征，为幼儿提供生长发育所必需的阳光、清新空气、水等自然条件，也提供一个安全健康、便于运动的活动空间，孩子们生活在其中，能够快乐地运动游戏、愉快地饮食睡眠、幸福地沐浴在阳光之中。

创设良好的生活环境能促进幼儿的生长发育，而良好的生活环境应符合以下要求。

（1）符合安全、卫生和教育要求的幼儿园园舍场地和设施设备，能做到净化、绿化、美化、儿童化，可以使幼儿在园生活中免于大气污染、水污染、土壤污染、食品污染等，保证他们玩得安全、吃得放心、睡得安心。

（2）幼儿园室内环境的合理创设可以避开可能对幼儿的各个身体器官和系统产生污染的各种因素，如室内温度、采光、噪声、各类辐射及各种烟尘的污染，减少各类过敏因素和伤害对他们生长发育的负面影响。

（3）良好的幼儿园环境能够为幼儿提供与其身高、体重相匹配的桌椅玩具、盥洗用具、饮食寝具等设备，让他们能够保持正常的、健康的坐姿、站姿等。

（4）幼儿的身体处于生长发育的高速发展时期，体格锻炼能够增强器官系统机能，提高幼儿对外界环境的适应能力，是增强体质的重要途径，所以幼儿园的户外活动空间和运动设施就显得特别重要。空间宽敞、地势平坦的户外空间能够激发孩子运动和游戏的热情，也为他们的活动安全提供保障。

（5）良好的幼儿园环境也包括愉快和谐的精神环境。宽松愉快的班级人际环境，充满尊重、支持与爱心的师幼互动，还有井然有序的卫生保健和安全制度，构成了一个轻松的幼儿园软环境，能给幼儿带来安全感和愉悦的情绪，使他们的好奇心得到满足，探索意识得到保护，有益于他们的身心健康。

（二）创设良好的幼儿园环境可以促进幼儿的认知发展

幼儿的认知能力主要包括注意力、观察力、记忆力、想象力和思维能力。依据皮亚杰的认知发展阶段理论，学前儿童的思维发展主要处于直觉行动、具体形象阶段，抽象逻辑思维开始萌芽，他们的思维活动总是离不开具体实物或表象。创设良好的幼儿园环境能够促进主体与客体之间的相互作用，让孩子有更多的与具体实物接触并相互作用的机会，从而促进认知的发展。

1. 创设良好的幼儿园环境会促进幼儿学习活动

通过有意识、有针对性地给孩子提供各种可以直接感知、观察和动手操作的物体，使他们逐步认识物体的物理特征，发现各种物体的不同结构，通过自身的探究活动掌握物体之间的关系，学习解决问题的方法，这样的环境对锻炼儿童的感知、观察能力和注意力，激发儿童的好奇心和探究兴趣，丰富儿童的想象力，培养儿童的动手、动脑能力和创造意识具有重要作用。

2. 创设良好的幼儿园环境应注意合理编排班级座位

当前，幼儿园普遍以班级为单位开展活动，活动室里的座位编排方式等会不同程度地影响幼儿的认知活动，那些经常坐在离教师较近、较靠前、座位偏中间位置的幼儿与教师的互动机会多于其他幼儿，他们的言行较容易被教师关注，也较容易在认知活动中获得有效的指导，自信心也比坐在偏角落的幼儿强，而经常待在角落中的幼儿则常常被人忽略，在学习过程中常常因“没有被看到”而缺乏必要的指导和支持。

3. 创设良好的幼儿园环境意味着可以给幼儿提供适当的室内空间密度

恰当的空间组织方式、合适的空间密度能够使幼儿情绪稳定、愉快，这是幼儿学习活动顺利进行的必要条件。研究发现，同一空间中的小团体有利于幼儿间的合作、反思、创新等积极行为的产生，在小团体中，幼儿会更善于表达、提出意见并形成自发的讨论，也更能专注于任务，较少出现漫无目的的闲逛。空间密度较高的活动环境会增加同伴之间的消极互动，如攻击行为、侵犯行为、争吵纠纷等，这些消极互动会干扰认知活动的开展。

此外，在良好的幼儿园环境里，可以给幼儿提供一个熟悉的、舒适的、寓有新意的、贴近自然的、满足活动需要的、具有鼓励作用的生活和学习场所，使他们身心放松自由，感官接受多种刺激而不易疲劳，教师能够从多方面满足和支持他们的各种活动需要，使幼儿的好奇心和探索行为得到保护，可极大地促进幼儿的认知和创造力的发展。

（三）创设良好的幼儿园环境可以促进幼儿的心理健康

《3—6 岁儿童学习与发展指南》对幼儿心理健康的目标表述主要体现在“情绪安定愉快”“具有一定的适应能力”两方面。良好的情绪是心理健康的反映。幼儿情绪体验比较丰富，情绪比较外显，情绪控制能力较差，由于生活经验不足，幼儿对于黑暗、危险、鬼怪等非常规现象容易产生焦虑和恐惧心理，甚至发展成精神障碍，所以创设良好的幼儿园环境能促进幼儿心理健康。

1. 创设良好的幼儿园环境可以避免各种不良情绪和行为的发生

幼儿的不良情绪往往直接来源于活动环境，环境中经常出现的以“友爱、团结、互助”等为主题的墙面装饰能引导幼儿产生团结友爱的行为；整洁、舒适的活动场所、干净有序的进餐及睡眠环境会使幼儿情绪安定地参加各项活动、愉快地进餐睡眠；充足的活动材料也能够让幼儿在使用中避免因数量不足而造成争抢纠纷和情绪烦躁的现象。

2. 创设良好的幼儿园环境有利于发展幼儿的社会性，促进人际和谐

良好的幼儿园环境能够提供适宜的精神环境，既包含人际互动的制度化秩序，又包含支持幼儿学习和生活的情感因素，这样的环境体现着幼儿与同伴互动及师幼互动的和谐。班级集体生活中那些具体常规和秩序是维系同伴交往、师幼互动的软条件，可以规范同伴交往和师幼互动中的情绪和行为，有利于他们理解社会交往的必要规范并敢于表达不良情绪，避免了由于纠纷造成的各种烦躁、焦虑情绪和攻击性行为的发生，也使幼儿在人际互动中习得各种调节情绪的方式，促进其社会适应能力的发展。

3. 创设良好的幼儿园环境可以帮助幼儿形成正确的自我意识

幼儿最初的自我意识是建立在他人的评价基础上的，与之密切接触的家长、同伴、教师对他们的评价和态度成为影响幼儿自我意识的重要因素。在集体中经常被表扬、肯定的幼儿，很容易产生成就感并建立相应的自信心，而经常被批评的幼儿则容易变得消极、自卑。良好的幼儿园环境通过和谐的人际关系，让幼儿

体验到爱与支持，教师帮助幼儿获得积极的自我意识，在活动中敢于尝试、敢于表达，渐渐形成活泼开朗等良好的个性心理。

第二节　幼儿园环境创设的原则

3～6岁的幼儿还没有能力对所处环境进行选择、适应、改造，他们对环境的接受性和依赖性，使幼儿园环境的创设显得更为重要。幼儿园环境创设不仅要利用环境对幼儿进行生动、直观、形象和综合的教育，而且要利用环境对幼儿进行全方位的信息刺激，这就要求创设过程中要遵循一定的原则。幼儿园环境创设的原则是教师在创设幼儿园环境时所依据的准则和要求，这些原则对幼儿园的环境创设工作具有一定的指导作用。

一、幼儿园物质环境创设的原则

幼儿园的物质环境是幼儿园整个教育环境的重要组成部分，它是开展各项工作的前提条件和基础。若无一定的物质条件，教育工作的质量是无法保证的。幼儿园物质环境创设应遵循以下原则。

（一）一致性原则

幼儿园环境创设的一致性原则是指幼儿园环境创设的目标应与教育目标相一致，这时环境作为重要的教育资源而存在，可以促进教育目标的实现。幼儿园环境是幼儿园课程的一部分，是潜在的幼儿园课程。在幼儿园环境创设时要依据教育的需要，有目的、有计划、有组织地提供更多的刺激的或可供幼儿模仿学习的因素，还可以作为课程的延续因素而存在，使幼儿在一个大的主题环境下得到全方位的刺激。例如，某幼儿园围绕着“交通安全”主题月，开展了一系列领域活动和专题活动，教师不仅在本班将小朋友制作的交通安全标志展示出来，而且区分幼儿园小班、中班、大班三个年龄段，在园内公共区域分别展示了“交通安全”主题月中的活动内容和组织情况，小朋友们每天一踏进幼儿园大门就能看到相关的知识图片，一到班级也能看到相关的美工作品和交通常识提示。这样的环境布置围绕着“交通安全”主题，将教育目标、活动目标、幼儿的学习内容、学习结果都整合起来，达到环境与教育的结合，如图2-1所示。

幼儿园环境创设还可依据不同阶段的教育目标，做系统规划。在制订学期、月、周、日及每一个活动计划时，当教育目标确定后，应考虑为了达到这些目标，需要有怎样的环境与之配合；现有的环境因素中，哪些因素对教育目标的实现是有用的，哪些环境因素是要创设的；需要幼儿家庭、社区做哪些工作等。应将与之有关的环境创设列入教育计划并积极实施。例如，4 月份的主题是“春天”，教师就可以结合相关的内容，采用“春天的叶子”“春游剪影”“植树节”“春天的歌”等板块，将学习内容通过环境展示出来，让孩子在活动之余，从环境中直接感知春天，使环境的潜课程与教育的显课程整合起来，如图 2-2 所示。

图 2-1　主题墙布置

图 2-2　活动室布置

（二）安全性原则

安全性原则是指幼儿园物质环境的创设要使幼儿身体、心理及社会性发展等方面处于没有危险隐患的舒适状态。主要是指幼儿园的园舍建筑、设施设备、活动场地、玩教具等有形的物质条件必须要符合国家颁布的相关卫生标准和安全标准，对幼儿的身体或心理没有危险和安全隐患，不造成幼儿畸形发展。

安全性原则是环境创设的首要依据和基本条件。只有在安全的环境里，幼儿的生命健康才能获得保障，才可能自由、快乐地发展。

幼儿园的园舍首先要做到安全，在新建和改建幼儿园的过程中，一定要首先考虑园舍的安全问题，坚决不能有危房，包括围墙、厕所；户外活动器材要定时维修；栏杆要符合高度，及时维护；所种花草既要漂亮，又要无毒、无危险，如夹竹桃、仙人球之类就不宜在幼儿园种植；活动室内、寝室要安装紫外线灯或随时用消毒水消毒；电器、电线布置要合理，用电插座不能离孩子的床铺太近；吊扇使用前对其稳定性要进行检查；室外大型玩具有相当一部分是铁制的，边角都要圆滑；室内玩具的购买也要注意，如尖锐的、细小的、发射的等都有危险；一些“三无”塑料玩具也有安全上的问题。另外，玩具还要经常清洗，保持整洁，如图 2-3、图 2-4 所示。

图 2-3　安全的楼梯护栏

图 2-4　安全的玩具材料

（三）发展适宜性原则

幼儿园所有物质条件都要从保障与促进幼儿身心健康和发展的角度出发，要与幼儿发展水平、年龄特点、个性特征等相互匹配、同步、协调，要能满足幼儿全面发展的需要。幼儿园小班、中班、大班的幼儿在身心发展上存在明显差异，所需要的环境也各有侧重。因此，教师要根据不同的年龄特征、不同孩子的认知风格和认知兴趣来提供相应的发展环境。

1. 提供富有童趣的环境，激发幼儿的活动兴趣

环境童趣化主要表现在环境布置是否有幼儿特色，是否符合幼儿的审美要求和天真无邪的天性。那些具有欢快明朗的色彩、稚拙可爱的造型及可以满足幼儿自由探究欲望的多样化活动空间，都是环境童趣化的反映。例如，某幼儿园将废旧的蛋托盒固定在墙壁上，把一面墙设计成“拼插墙”，旁边放置装有彩球的盒子，幼儿可自由取彩球在蛋托盒上进行拼插，幼儿不仅玩起来有趣，而且看着自己创作的图案感到开心，活动材料变得生动，富有吸引力，如图 2-5 所示。

2. 体现幼儿的年龄差异，满足不同层次发展的需要

按照两个“适合”对环境进行创设：适合幼儿的年龄特征；适合幼儿的个性特点。一般来说，小班环境要结构简单、色彩鲜艳、富有感官刺激；中班环境在小班的基础上突出操作性；大班环境要突出探索性和实验材料的丰富性（图 2-6）。从个性的角度来看，每个幼儿在兴趣、能力、学习方式等方面都存在差异，适合幼儿个性特点的环境应从三个方面进行创设：一是满足幼儿智能发展的不同需要；二是适合幼儿不同的性格特征和性别差异；三是为不同家庭背景的幼儿提供相应材料。

图 2-5　拼插墙

图 2-6　实验材料的丰富性适合大班

（四）丰富性原则

环境创设的丰富性原则是指幼儿园要依据《幼儿园教育指导纲要（试行）》提出幼儿发展目标，为全体幼儿提供足够的、多种多样的、可供获取丰富的知识信息、情感体验及活动技能等富含教育价值的物质条件，做到“没有一处无用的环境”。只有生活在这样的教育环境中，幼儿的潜能才能得到最大限度的全面发挥。

由于对幼儿园环境所蕴含教育价值的重要性认识不足，因此，传统的幼儿园环境创设更多地关注外观上的“装饰性”，而忽略内在的教育价值上的“丰富性”，使得有些幼儿园环境表面上看起来“色彩绚丽”“琳琅满目”，实际上在教育价值上却是“单一重复”“空洞无物”。这样的环境不仅不可能促进幼儿的成长，反而限制和阻碍了幼儿的发展。遵循环境创设的丰富性原则，就要从幼儿活动的空间、方式和材料等方面进行丰富多样的考虑和设计。

1. 活动空间上的丰富

丰富的环境应体现在幼儿园室内外三维空间的设计和利用上。空间的丰富首先体现在室内活动区和室外游戏场的设计上。室内环境应设计丰富多样的活动区，如科学区、图书区、美工区、音乐区、建构区、益智区、娃娃家、电脑区等；室外环境应设计丰富有趣的游戏场地，有各式游乐设施（滑梯、秋千、跷跷板、攀爬架等）、草地（塑胶地）、植物园、养殖区（鸟、兔等）、沙水区等。

2. 活动方式上的丰富

幼儿的活动有不同的方式，在环境创设的过程中要兼顾静态活动（益智区、图书区）和动态活动（建构区、沙水区），用水活动（科学区、沙水区）和不用水活动活动（益智区、电脑区），喧闹活动（音乐区、建构区）和安静活动（图书区、私密区），团体活动（建构区、娃娃家）和个别活动（电脑区、私密区），室内活动区和室外游戏场等。另外，有些活动区相对固定（电脑区），而有些则随课程、主题变化而变动。

3. 活动材料上的丰富

材料的数量上，应尽可能满足幼儿需要，种类丰富，每个活动区内要有足够的操作材料，才能让许多幼儿同时在区域内游戏；材料的结构上，应同时考虑高结构（玩具成品）、低结构（木材、线绳等）和无结构（沙、水等）等不同类型的材料；材料的投放上，应注意材料要有层次性，要依据幼儿的兴趣和能力渐进式地投放，这样才能根据幼儿的兴趣和能力进行随时更换和修正，如图 2-7 ～图 2-9 所示。

图 2-7　高结构材料

图 2-8　低结构材料

图 2-9　无结构材料

如今现代化信息技术飞速发展，幼儿园环境的创设已不仅仅局限于布置墙饰、区角等物质的“硬环境”，而逐渐发展为利用各种丰富多样的媒体信息创设现代化的物质“软环境”，使环境的创设呈现立体化。

（五）平衡性原则

平衡性原则是以丰富性原则为基础的补充性原则。也就是说，幼儿园物质环境创设不仅要考虑内容的丰富多样，更要关注环境中各种内容之间及其各种教育功能之间的相对平衡和全面。具体而言，提供的物质环境所含的各个领域的内容，各种感官刺激的量要大体均等。

贯彻平衡性原则在环境创设中应注重：身体发展与心理发展的平衡；智力因素与非智力因素的平衡；各种感官发展的平衡；知识的系统与平衡。环境创设时注重知识之间的平衡主要体现为：知识种类的平衡；知识领域的平衡。

（六）主体性原则

幼儿是环境的主人，也是幼儿园一切环境设计的出发点和服务对象。因此，主体性原则就是指幼儿园物质环境的创设应尊重幼儿在环境中的设计、支配、管理的主体地位。主体性原则一方面强调幼儿在环境创设与使用中的主体地位，另一方面也强调幼儿在环境创设中表现出来的自主性、能动性和创造性。

教师和幼儿都是幼儿园环境尤其是班级环境的主人，都有美化、优化自己的生活和学习环境的权利和需要，在参与环境创设的过程中，幼儿主体与环境客体之间相互作用，幼儿的认知、情感、态度、社会性都得到全方位的发展，而且教师和幼儿共同合作的程度越高，幼儿参与投入的程度就越高，由此形成了一种积极的心理氛围，环境创设的教育价值也体现得越充分，幼儿的成就感和满足感也就越高。

幼儿进行环境创设的途径有很多种，可以个人直接参与，亲自动手，将作品进行加工改造用以创设环境；也可以自主分组，通过小组协商、分工协作来完成环境的创设；还可以由教师提供素材，分任务，由幼儿进行局部创设。教师要避免“以教师为中心”来创设环境，而应启发、引导、支持幼儿自主的进行环境创设。例如，围绕“小蚂蚁成长记”这个主题，教师可以引导幼儿从不同领域，用不同形式（图画、剪报、照片、美工作品等）收集与“小蚂蚁”有关的资料，在布置场地和墙面装饰时应启发幼儿分类摆放布置，如图 2-10 ～图 2-12 所示。

图 2-10　小蚂蚁成长记主题墙

图 2-11　蚂蚁的家庭

图 2-12　蚂蚁的地下王国

（七）开放性原则

环境创设的开放性原则是指创设幼儿园环境时不仅要考虑幼儿园内环境构成要素，同时也要重视园外环境中的各种影响因素，将两者有机结合，协同一致地对幼儿施加影响。也就是说，幼儿教师要有开放的心态，正确理解幼儿园环境中的信息开放和创设过程的开放。

1. 幼儿园环境创设的信息来源是开放的

利用开放的教育环境对幼儿进行教育，是教育者应该树立的大教育观。当今是高科技时代，信息给幼儿的刺激是多元化的，对幼儿成长的影响也是全方位的，因此幼儿园的整体环境应该是开放的，反映在环境创设中就是需要综合园内、园外的各种信息。比如，简单的“家园零距离”就是专门为家园信息互通而创设的版面，教师把各种教育信息和各种教育要求呈现出来，供家长学习和参与，而家长也可以从自己的角度给予教师各类建议和支持，如图 2-13、图 2-14 所示。

2. 重视家长在幼儿园环境创设中的作用

幼儿园环境创设的主力虽然是在园幼儿和教师，但是由于幼儿生活阅历有限，信息搜索和吸收能力也较弱，动手制作能力也较差，许多情况下需要家长帮助制作装饰材料和收集可利用的废旧物品等，所以在环境创设中有必要让家长和其他相关人员包括技术人员加入。比如，可以依据家长自身的职业或专业特征来发挥他们的作用，如请在消防队工作的家长来园模拟操作，给幼儿介绍消防知识并指导幼儿进行消防演练（图 2-15）；请在超市工作的家长带领幼儿参观附近市场并收集市场的相关资料等。这样，教师就不需要牺牲大量的时间给幼儿制作大量的操作材料，而是可以用这些时间思考如何在适宜的时机投放适宜的材料，如何进一步促进幼儿的全面发展。

图 2-13　家园零距离

图 2-14　家长园地

图 2-15　消防演练

3. 重视社区在环境创设中的作用

幼儿园和家庭都处于一定社区范围内，来自社区的各类信息都可以影响幼儿园，而且社区作为一个具体生活场所，有许多信息和资源是可以与幼儿园共享的。例如，春季流行病季节，社区的卫生宣传和幼儿园的卫生宣传可以实现信息共享和空间共享，提高环境作为教育资源的影响力。

（八）经济性原则

经济性原则是指幼儿园物质环境的创设要坚持低费用、高效益，力求以最小的投入发挥最大的效用。要做到符合这个原则，教师在创设环境时应注意以下几个方面。

1. 坚持勤俭节约的方针

因地制宜，就地取材，以物代物，充分利用社区的自然和社会物质资源，合理地利用旧物和废物来创设环境，避免铺张浪费，避免追求高档化和形式化。幼儿园游戏开展过程中大量应用替代物品就是经济原则的印证，如鞋盒、可乐瓶、瓶盖、纸箱、纸板等，都是常见的利用率很高的物品，如图 2-16、图 2-17 所示。

2. 创设多功能的环境，充分发挥环境的综合效用

幼儿园的室内和户外空间都十分有限，多功能的环境资源开发很有必要，应有充分挖掘或开发现有环境新功能的思路。比如，在面积狭小、活动空间极其有限的幼儿园户外，一般都会把内墙与户外活动场地设施的开发整合在一起，攀岩墙的设计通常就是这种思路（图 2-18）。此外操场兼做体育游戏场，小礼堂兼做结构游戏场，幼儿寝室兼做角色游戏场等，在空间无法调整和扩大的情况下，让现有环境多功能化是幼儿园现实的选择。

图 2-16　纸盒制作的玩具

图 2-17　废旧材料制作的玩教具

图 2-18　攀岩墙

3. 充分反映“地域”特征

要根据地域的经济特征来布置和创设环境，切忌盲目攀比。还可以根据地域的文化特征来布置和创设环境，切忌脱离实际、照搬照抄。例如，农村幼儿园可根据所处自然环境选择天然材料进行环境创设，如图 2-19 ～图 2-21 所示。

图 2-19　利用玉米轴制作的墙饰

图 2-20　玉米轴

图 2-21　草编制作

（九）动态性原则

“动态”与“静态”相对而言，一方面强调事物的“运动”状态；另一方面体现出事物发生与形成的过程性、变化性和生成性。动态性原则是指幼儿园物质环境创设要从空间、内容、材料、规则等方面关注环境的不断变化和生成。具体包括两个方面：一方面，幼儿园物质环境都应尽量体现“动”的形式，这样的环境才能和幼儿随时随地进行互动；另一方面，动态性还体现在变化性和生成性两方面。

我国著名的教育家陈鹤琴曾指出：“环境中布置的东西如果长时间一成不变，就会失去教育意义。”瑞吉欧更是主张：“环境的设计变化必须按照孩子兴趣的变化而变化。”幼儿园环境根据课程内容、季节变化、幼儿兴趣和心智而不断变化，它时刻激励着幼儿探索事物的愿望，促进幼儿的发展，如图 2-22 ～图 2-24 所示。

图 2-22　九月主题活动

图 2-23　十月主题活动（一）

图 2-24　十月主题活动（二）

（十）挑战性原则

依据维果茨基“最近发展区”的理论，帮助幼儿学习必须考虑幼儿的两个发展水平：一为现有的操作水平；二为通过帮助可达成的水平。教师就是要给幼儿较高水平的帮助，让幼儿完成并超越其原来的能力和水平。从这个角度讲，挑战性原则是要挑战幼儿的已有能力，并让幼儿的能力达到更高的发展。因此，幼儿园物质环境创设遵循挑战性原则可从以下三个方面实施：一是创设富有挑战性的问题情境，构建探究的阶梯；二是提供多种层次的挑战，适合不同水平的幼儿；三是在保障安全的基础上，多些探险活动，如图 2-25、图 2-26 所示。

图 2-25　挑战性教育

图 2-26　耐苦教育

二、幼儿园精神环境营造的原则

在幼儿园各种人际关系中，师幼关系是最重要的，它是决定幼儿能否健康成长的核心所在。正如著名教育家赞科夫所言：“就教育效果而言，很重要的一点是看师生关系如何。”因此，幼儿园精神环境的营造关键在于教师。教师应拥有正确的教育观念（儿童观、教育观、课程观等）、稳定的心理素质、积极的情感态度以及不断发展的专业能力，才可能为幼儿营造一个宽松、和谐、民主的良好精神环境，从而激发幼儿的学习兴趣，鼓励幼儿主动探索、想象、创造。

幼儿园精神环境的营造应遵循以下十个原则。

（一）多关注原则

幼儿教师在实施多关注原则时要做到两个层面的关注，不仅要注意到每一个幼儿的发展变化，同时也要及时、敏感地给每个幼儿提供必要的帮助。幼儿特别喜欢被人关注，为得到关注甚至不惜挨批评。有些幼儿喜欢搞恶作剧，很大程度上是为了引起教师和其他小朋友的注意。而批评确实也是教师对幼儿的一种关注，但这是一种消极的关注，对幼儿心理健康成长是不利的。在幼儿园的每个班级都会发现几个幼儿“不合群”，被同伴所忽略。研究表明，这些幼儿在被同伴忽略之前首先是被教师忽略的。所以，每位幼儿都应得到教师积极的关注。尤其是对于那些刚入园、年龄小的幼儿，他们正承受着分离的焦虑，教师应主动亲近这些幼儿，让幼儿感到妈妈般的关爱。关注幼儿，还要注意以下问题：多关注“过程”，不仅仅关注“结果”；多关注所有幼儿，不仅仅关注少数幼儿；多关注生活活动，不仅仅关注教学活动。

（二）多尊重原则

多尊重原则就是要在儿童发展的各个方面都给予重视并认真对待，在营造精神环境中要着重注意以下几个方面。

1. 尊重幼儿的经验

“儿童是成人之师”，幼儿生活中蕴含着人生的真谛（求真、好奇、创造等品质）。教师应向幼儿学习。随着新媒介时代的到来，每个人获取信息的渠道是多元的，教师再也不是知识的权威，幼儿在某些领域掌握的知识确实并不比教师少。教师应抛去成人的优越感，虚心向幼儿学习，尊重幼儿的经验，聆听幼儿的声音。

2. 尊重幼儿的情绪情感

幼儿有着丰富的情感世界，但由于幼儿语言能力还不发达，往往难以准确地表达出他们的内心感受，有时会通过退缩或激烈的情绪表现出来。作为教师，首先要尊重幼儿的情绪表达，帮助幼儿适当宣泄消极的情绪，这是对幼儿心理健康的保障；其次要深入了解幼儿的内心，为幼儿做好情绪的疏导，帮助幼儿把消极的情绪转化为积极的情绪。尊重幼儿的情感，还要尊重幼儿的友情，帮助幼儿建立积极的同伴关系，不仅有利于幼儿心理健康，同时也有利于幼儿合作、分享等社会性的发展。

3. 让幼儿学会尊重，激发幼儿“内在”自尊

教师是幼儿观察学习的榜样，只有教师真正发自内心地尊重幼儿，幼儿才会学会尊重他人，尊重这个世界。自尊是幼儿健全人格的重要组成部分，也是人内在的一种情感需要。自尊心影响着幼儿的心理健康水平，并对幼儿的认知、情感、社会性等方面的发展都有重要的影响。

（三）多接纳原则

多接纳是一种平等公正的态度，一种宽容博爱的情怀。幼儿教师在营造精神环境时，无论面对的是聪明的还是迟钝的、健康的还是有缺陷的、富足的还是贫穷的、顽皮的还是乖巧的幼儿，都应以平等的态度、无私的情怀去真心接纳每一位幼儿。教师的不公正态度是幼儿最不能忍受的，很容易引起师幼情感对立，也不利于和谐师幼关系的建立。

因此，教师在营造宽容、接纳的精神环境时要考虑以下两个方面：一是接纳幼儿的个体差异；二是接纳幼儿的“错误”行为。

（四）多肯定原则

多肯定主要是指对幼儿的言行、情感等多给予正面的评价、积极的引导，少一些否定的评价和消极的惩罚。对幼儿要多鼓励、少批评；多指导、少冷落。我们在面对教育对象时，充分肯定个体成功的一面，接纳个体的自尊和自信，使其用积极的因素克服消极的因素、变被动的接受批评为主动的自我反省，最大限度地避免“批评”所带来的负面效应。

在具体实施中，教师要敢于肯定幼儿的“错误”，提供给幼儿尝试“错误”的机会。学习有时也是一种尝试“错误”的过程，幼儿是在不断“试错”的过程中找到解决问题的方式，因此教师应允许幼儿犯错。当幼儿出现“严重的错误”行为时，也尽量少用否定语言和行为对幼儿进行批评和惩罚，而应用肯定的语言和方式对幼儿的错误行为进行矫正，如“这句话应该这样说”“这件事应该这样做”；教师也可采用积极的语言和各种行动方式（鼓掌、点头、微笑、抚摸等）对幼儿进行肯定。

（五）多信任原则

信任幼儿，才能给幼儿学习的空间和机会。幼儿教师和家长往往低估孩子的学习能力、探索能力、解决问题的能力及自我教育的能力，因而对幼儿不敢放手，也不能及时提供帮助和支持。相信幼儿的自发行为，无论是学习、探索行为，还是解决问题的行为，如果能得到成人的支持和帮助，成功率都是极其高的。

根据埃里克森的“人格发展八阶段”理论，人生的第一阶段是获得基本信任感的关键时期。对于幼儿来讲，在人生发展最初阶段能否得到信任，能否建立基本的信任感对于他们今后的发展至关重要。一个人发现自身的价值，往往是通过别人的信任。尤其是未成年的孩子，他们渴望得到大人的信任，希望大人“委以重任”。在信任中长大的人才能充满自信。

（六）多赏识原则

赏识原则提倡多给幼儿赞扬和鼓励，使幼儿在不断的赏识中肯定自我的价值；赏识原则提倡肯定幼儿的能力，激励幼儿的努力；赏识原则强调积极营造期望，以期望的眼光看待每一位幼儿，诱发幼儿对成功的期盼，不断激发幼儿的成就动机（即儿童试图取得好成绩的倾向）；赏识原则主张给幼儿以成功的体验，使幼儿预期到未来的学习可能会得到满意的结果，从而激起幼儿的好奇、探究等心理倾向。

赏识是把尊重幼儿、热爱幼儿奉为首要理念，使每一位幼儿都能找到归属感，从而激起他们的自尊和自信。每一个孩子都渴望得到欣赏，教师一次善意的点头、一个会心的微笑、一句诚恳的表扬都如同一场适时的好雨，滋润幼苗向上的信心和生长的力量。

（七）多支持原则

教师对幼儿一定要多一些支持、少一些反对。要支持幼儿的天性和价值观，支持幼儿的行动与情感表现，支持幼儿的自我认识和自我评价，减少不必要的干预和担心。但是，我们不能不加以判断地支持幼儿的一切行为。一般认为，支持有两层含义：一是支撑、维持；二是提供帮助。所谓的多支持就是教师要在幼儿的天性、学习、情感和自我评价等方面都给予充分的保护和提供必要的帮助。支持也有不同的方式，教师可以通过语言、行动、暗示等方式对幼儿实行直接地帮助或间接地保护。

（八）多互动原则

师幼互动是发生在幼儿园内部的、幼儿教师与幼儿之间的相互作用、相互影响的行为及过程。虽说师幼互动的质量与教师和幼儿的特点都有关系，但是决定师幼互动质量的是教师。在幼儿园中，幼儿的认知、情感、社会性等方面是在与教师的有效互动中逐步发展起来的。促进幼儿全面发展，既要关注教师与幼儿之间互动的数量，也要关注其质量。因此，多互动原则是在营造幼儿园精神环境时，教师与幼儿在有效的互动中建立良好的师幼关系，以促进幼儿身心全面的发展。

（九）多自由原则

教师应坚持多给幼儿自由，减少干预。幼儿在自由、自主的活动中十分需要教师“必要”的帮助和指导：第一，教师帮助幼儿准备活动材料属于必要的帮助；第二，如果材料太难操作，为了避免失败的挫折，保证幼儿获得成功的满足，教师提供技术指导是必要的帮助，但不能剥夺幼儿进行创造性抉择的权利；第三，为幼儿提供足够的时间来完成所选择的任务，以保证他们获得全面满足的体验，这也是必要的帮助。

（十）多自主原则

幼儿通过自己的活动，建立和发展着自己的世界。可以说，没有幼儿的自主活动，就没有幼儿的发展。幼儿能力和个性发展的样式受其活动内容与活动方式的影响，幼儿的创造性也通过自主活动得以发展和表现，离开了自主自由的活动，其创造性就不复存在了。因此，教师为幼儿营造宽松自由的心理环境，让幼儿在自我管理的活动中进行自主学习，是多自主原则的重要体现。

幼儿真正自主至少需要具备两个条件：一是自主权，即有权决定自己的活动目标、活动方法和步骤，有自由选择权，有发表自己观点的权利等；二是要有自主的态度，变“要我学”为“我要学”，做学习的主人。

第三节　幼儿园环境创设的方法

本节从室外环境到室内环境，从物质环境到精神环境，从班级空间环境到教育活动环境，不同维度地阐述了幼儿园环境创设的方法。下面从幼儿园户外环境的创设、室内环境的创设、五大领域教育活动的环境创设这三个方面展开叙述。

一、户外环境的创设

幼儿园户外环境一般可划分为三大区域：集体活动区、器械设备区、种植养殖区。集体活动区主要供幼儿集体做操、上体育课，进行各种体育游戏的区域，要求场地宽阔平整。器械设备区要能放置各种大、中型体育活动器械与设备，如滑梯、秋千、平衡木、爬网、跷板、攀登架等，以供幼儿练习与发展身体协调性的基本动作，锻炼身体的活动能力。种植养殖区一般供幼儿种植蔬菜、花草，喂养一些小动物。除了这三大区域外，有的幼儿园还创设了沙水区与景观区等。

（一）活动场地的地面

户外活动场地是幼儿进行奔跑、跳跃、攀登等较剧烈运动的场所，因此，要注意地面的安全适用。一般来说，地面以坚实平坦的土地、沙地、草地为宜。这种地面可以减少跑跳活动对脑部造成的震荡，比较安全。在北方地区，雨水较少，且土壤含沙量高，渗水性强，幼儿园户外活动场地以坚实平坦的土地为宜，既经济实用又安全；南方地区雨水多，土壤黏性大，渗水性差，因此，需要对自然的地面进行改造，如铺塑胶场地，但费用较高。一般说来，水泥地面过于坚硬，不适合作为户外活动场地地面，如图 2-27 ～图 2-29 所示。

图 2-27 土地场地

图 2-28 草坪场地

图 2-29 塑胶场地

（二）器械设备

大肌肉活动的目的除了促进幼儿的肌肉机能发展外，还可锻炼幼儿强健的体魄和矫健、灵活、机敏的身手。因此，在选购大肌肉活动的设备时，必须注意设备的安全、坚固、耐用和可变组合。同时，也应以刺激幼儿进行探索、发掘和体验作为大前提。有关体育活动器械的配备可参考《幼儿园玩教具配备目录》（1992 年）。

二、室内环境的创设

足够的空间是幼儿在室内开展各种活动的必要条件。研究表明，过于拥挤的环境有可能增加幼儿的攻击行为，减少幼儿的社会性交往活动，使观望、不主动参与活动的幼儿人数提高。蒙台梭利指出：“以我们的经验，要达到舒适的感受，必须使房间的地面有一半是空着的，不得放置任何东西。这就是使孩子们感到愉快的可以进行活动的空间。”

（一）活动室面积与空间利用

活动室与幼儿关系最为密切，是幼儿学习、游戏、饮食、盥洗等日常生活的场所。国家教育委员会和建设部 1988 年颁布的《城市幼儿园建筑面积定额（试行）》中有明文规定，如果活动室与寝室分设，活动室的使用面积不小于 54 平方米。如果寝室与活动室不分设，则活动室应为 90 平方米。活动室要保证每个班级一间，每间活动室的面积大小不少于人均 1.5 平方米，净高不低于 3.3 米，窗高（地面到窗户上缘的高度）不低于 2.8 米，窗台距离地面的高度在 0.5 ～ 0.6 米，有条件的可以将活动室设计得更宽敞些。由于主要的集中教育活动、各类游戏甚至幼儿的膳食基本都是在活动室内完成，所以，活动室对光线、通风及室内装饰都要有一定的要求。活动室基本上朝南、朝东方向或者选择在当地最好的日照方位创设，并满足每天日照时间不少于 3 小时的条件。

活动室在面积既定的情况下，要充分利用空间，尽量减少不必要的家具、设备，为幼儿空出活动空间。例如，一些幼儿园把床改成壁床或睡垫，睡觉时放下，不睡觉时就收起，大大扩展了有效的活动空间。一些幼儿园在天气晴好的时候，让幼儿把角色游戏区、表演游戏区等放在户外，室内、室外环境打通使用。

（二）室内环境的结构

对空间有计划的、合理的安排与利用可形成良好的环境结构，并对幼儿的行为产生积极的影响。一个结构良好的室内环境应符合以下标准。

1. 活动区数量、面积适宜

活动区也称为活动角、游戏区或兴趣中心、学习区，是指一个有规划且多样性的学习环境，幼儿能够在这里依照自己的兴趣、能力与发展阶段，有效地且有系统地完成某种学习活动，以达到某一学习目标。

活动区的设置需考虑幼儿活动的实际需要与效果。在活动区，幼儿的活动往往采用松散的小组活动形式。活动区所容纳的幼儿人数以不超过 5 个为宜。5 个以上幼儿在一起活动的活动区，经常会使噪声增大，幼儿吵嚷行为增加，而且增加了幼儿社会交往的复杂程度。应当根据活动室的面积、幼儿人数及教学活动的客观需要来设置活动区，决定活动区的数量。每一个活动区所占据的空间，要使在其中活动的幼儿能够自主地、不相互妨碍地开展活动，进行有效的探索和学习。

2. 各活动区的活动应减少干扰

由于活动的性质不同，因此在设置活动区时，动静应尽量分开，避免相互干扰。像角色游戏、音乐、表演、小木工等活动一般来说是比较吵闹的，要使这种活动区远离需要安静的图书区、教学区。

为了使活动区能被清楚地识别，区与区之间应有明确的分隔物，可以利用各种玩具柜、书架、吊饰、地毯等现有设备作区域屏障或分界线。划定每一角落的范围可以协助幼儿遵守规则。但作为分隔物橱架的高度和间隔，应尽量以不阻碍成年人的视线为原则。这样可以使教师视野广阔，无论站在活动室内的哪一个角度，都可以看见幼儿在每一活动区的活动情况，以便幼儿有需要时能够及时给予辅助。

活动室内的“交通路线”力求畅通无阻，以避免儿童在如厕、变换区域、取水时产生拥挤、碰撞等情况。为此，活动室中央和各个门口（盥洗室、大门、阳台门等）最好不要设活动区。活动室内区域的过道要清晰，过道的大小要适当。研究发现，视觉清晰的过道是一种促使儿童投入适当活动、防止破坏性行为发生的环境手段。

3. 设备的摆放应方便幼儿取用和走动

室内每个设备的安排或玩具的摆放，应尽量以方便幼儿取用和走动为原则。每组桌椅安放的位置应靠近玩具或用品的橱架，这样可以尽量避免幼儿因长距离取用或放置玩具时，因掉落和捡起造成秩序混乱。每组桌椅的距离不可太近，桌椅橱架之间须预留约0.6米宽的通道，以便幼儿走动或取用玩具。桌椅也不要“之”字形摆放，这样会使幼儿难以走动和容易碰撞。

4. 幼儿有独处的地方

在活动室内应为幼儿提供独处的空间，因为独处也是幼儿的一种心理需要。独处空间的创设可以有多种形式。例如，可以在楼梯下面的角落，用小板等作为分隔物遮挡，当幼儿在独处空间活动时，教师不要参与和干预幼儿的活动，如图2-30、图2-31所示。

图 2-30　独立学习

图 2-31　蒙台梭利学校角落独立学习环境设计

5. 各活动区应该遵守的活动规则要清楚明确

活动区是幼儿自由活动的场所，但自由不等于放任不管，为所欲为，而应该是充分理解和掌握规则之后的自由活动。创设活动区时就必须考虑规则问题。因为有些规则就蕴含在环境之中，教师可利用环境来暗示规则。例如，书架上排列有序、整齐清洁的书籍就是在告诉儿童要爱护图书，看完后放回原处。关于进区人数的规则，可以采用进门挂牌的方法。例如，在操作区，可以在区域柜上挂上三朵小花，表示每次这里只能进三个人。在角色区，门口贴上卡纸做的小衣服，当小衣服拿完了，则表示这里不能再进入了，如图 2-32 ～图 2-34 所示。

图 2-32　进区卡（一）

图 2-33　进区卡（二）

图 2-34　活动规则

当然，规则的建立不能只依靠环境暗示，有些规则可以用图画的方式表示出来，贴在适当的位置，提醒大家遵守。只有在一个规则明确的环境中，幼儿才能更加自由而有序地活动、学习。

（三）材料的投放

材料是室内环境的一个重要组成部分。玩具与游戏材料是幼儿活动的物质支柱。活动区确定下来之后，教师便要去选择、收集适当的活动材料进行投放，玩具与游戏材料的投放，应满足幼儿活动的需要，符合幼儿的年龄特点，支持每个幼儿进行有效的探索和学习活动。同一个材料可能具有多种玩法和用途，具有不同的教育价值，这种“多功能”的活动材料更受欢迎。活动区材料往往需要根据幼儿的能力适当加以改变，如同样是穿珠，小班的应该大些，用来穿珠子的线也应粗些，随着年龄的增长，珠子应该逐渐变小，线逐渐变细。而当幼儿有特殊的兴趣和需要、教师有特殊的教育意图时，材料更应该做相应的调整。

壁报板是幼儿与教师用材料共同布置的墙面区域，用丰富的材料布置壁报板是幼儿学习的过程，也是班级环境创设必不可少的组成部分。壁报板的布置原则如下。

（1）要看得清楚。要使幼儿看得清楚，就要注意壁报板的高度，幼儿的视线水平离地 76 ～ 100 厘米，而成年人的视线水平约离地 160 厘米，几乎是幼儿的两倍。成年人跪着时，视线水平就和幼儿的视线水平差不多，可以以此为标准。

（2）能随意触摸。幼儿通过感官来学习，其中很大比例是通过触觉来学习。因此，壁报板的布置，应该让幼儿能随意触摸，使他们感觉到实物的质感。要使幼儿通过触觉进行学习，布置壁报板时，除了布置内容不易损坏之外，最重要的是要设计不同质感的物件。例如，粗糙的、光滑的、软的、硬的、脆的、韧的等。

（3）让幼儿参与布置。幼儿能有机会参与布置壁报板，一方面，会使他们感到自己受到重视，增加自主的意识，视壁报板是他们自己的东西，学习时会更投入，并懂得珍惜和爱护它；另一方面，幼儿参与布置的过程也是学习的过程。幼儿除了参与收集材料和物品外，他们的美术作品同样可以用来美化壁报板。

综上所述，一个好的幼儿园物质环境应达到以下基本要求：①安全卫生；②空间安排合理有序；③材料丰富多样，可以满足不同幼儿的兴趣与需要；④环境具有探索性；⑤美感与兴趣的和谐统一。

三、五大领域教学活动的环境创设

幼儿园的五大领域是“健康、语言、社会、科学、艺术”，主要教学活动都是围绕着来进行的。在幼儿园中，幼儿每日都离不开教学活动，所以五大领域教学活动的环境创设尤为重要，通过五大领域教学活动的环境创设，为幼儿提供优质的学习情境，促进幼儿的发展。

（一）健康领域教学活动的环境创设

健康领域的教学活动与幼儿的日常健康行为、饮食营养、安全等问题密切相关，因此活动材料的选择与幼儿的日常生活也密切相关。活动中涉及的材料在幼儿的日常环境中要有应用的机会，健康教学活动环境的创设要注重领域之间的融合性。

1. 有关日常健康行为的教学活动的环境创设

与日常健康行为有关的教育内容包括洗手，刷牙，穿脱、整理衣服，作息习惯，对活动用具整理，对玩具的清洁，打扫周围环境的卫生等。例如，有关刷牙的活动，可以利用幼儿自己的刷牙杯和牙刷作为活动材料，还可以纳入一些其他的环境材料，如有关牙齿健康的动画片、牙齿拟人化的装饰卡片、有关牙齿细菌的图片等，以丰富活动的形式和内容激起幼儿参与的兴趣。

2. 有关饮食营养的教学活动的环境创设

与饮食营养有关的教育内容包括进餐习惯、对常见食物的辨识、膳食的平衡、饮水习惯、中外饮食文化等。此类环境创设多与食物及其材料有关，涉及各种谷类、蔬菜、水果、肉类食物。在活动中除了观察与品尝实物外，还可以以图片、蔬果造型的形式出现，可以制作、加工、表演等。例如，在有关喜欢吃胡萝卜的活动中，可以让幼儿用纸做道具把自己装扮成胡萝卜，进行表演。

3. 有关身体生长的教学活动的环境创设

与身体生长有关的教育内容包括身体外形的了解、五官的认识与保护、疾病的预防与治疗、对生命现象的探索等。此类环境创设多是围绕人体来进行的，如要了解关节可以通过制作关节部位可活动的纸质人体卡片，对自己身体的生长变化可以用健康秤、尺子、小时候的衣服来感受等。

4. 有关安全的教学活动的环境创设

与安全有关的教育内容包括日常生活中安全常识的了解及遵守、安全标志的认识、应付意外事故的常识等。此类活动的环境创设可通过制作红绿灯和斑马线的模型来了解交通规则；请在消防部门工作的家长讲解消防安全知识；还可以制作特殊场景，来模拟消防演习、模拟地震逃生等。

5. 有关心理健康的教学活动的环境创设

与心理健康有关的教育内容包括愉快情绪的培养、心理品质的培养、心理问题的调整等。这类活动的环境创设更为注重的是心理氛围的创设，如在“勇敢人的游戏”活动中，教师鼓励幼儿翻过攀登网，并让全班小朋友为每一个爬过攀登网的幼儿加油喝彩，可以看出其中最重要的是教师所营造的心理氛围。

6. 有关体育锻炼的教学活动的环境创设

与体育锻炼有关的教育内容包括走、跑、爬、跳、投掷、攀登等身体活动的知识和技能，平衡、协调、灵敏、柔韧、力量、速度等身体素质的练习，徒手操、轻器械操、队列队形等基本体操和队列队形的练习，等等。这类活动的环境创设主要在户外场地进行，对场地的基本要求是安全和充足的空间，在此基础上要有适当的体育锻炼器材。

（二）语言领域教学活动的环境创设

语言领域教学活动的环境创设首先要营造使幼儿“敢说”的环境气氛，提供使幼儿“想说、爱说”的活动材料（自制的“话筒”“电视机”玩教具、视听资料、各类图书等）；其次要提供促使幼儿“会说”的示范；最后可利用语言区角的环境，使教学活动同步拥有丰富的语言环境。下面从语言领域的教学活动，包括谈话活动、讲述活动、听说游戏、文学教育活动和阅读活动进行教学活动的环境创设。

1. 谈话活动的环境创设

谈话活动是帮助幼儿学习在一定范围内运用语言与他人进行交流的活动。创设谈话情境，引出谈话话题。一般来说，谈话活动总是围绕一个中心话题来开展，常见的引出谈话主题的方式有：通过实物或直观教具创设谈话情境，引出主题；用故事、提问等语言创设谈话情境，引出主题；用游戏或表演的形式来创设谈话情境，引出主题。

为教学活动提供丰富的谈话素材。谈话活动的素材应该是幼儿知识经验范围内幼儿所熟悉的内容，对谈话的素材积累越多，谈话才会越热烈。例如，中班谈话活动“春天的变化”，教师可以把幼儿们带到户外去开展活动，因为春天的大自然就是该活动最大的素材；再如，大班谈话活动“恐龙乐园”，教师通过提供大量的图片展示和一小段视频的播放，让幼儿们有了丰富的谈话资料。

2. 讲述活动的环境创设

讲述活动是发展幼儿独白言语的重要形式。它往往需要一定的凭借物，要求幼儿能在集体面前用规范语言大胆表达。

（1）创设一个让幼儿能充分感知、理解凭借物的环境。讲述活动需要针对一些凭借物来开展活动，所谓凭借物即幼儿在活动中讲述的对象。例如，小班讲述活动“球”，就可以让幼儿在口袋中寻找触摸各种大小不等的球，从而加深对球的感性认识，充分地感知、理解球的特征。

（2）营造一个有秩序的、能促使幼儿认真倾听的环境。讲述活动侧重培养的是幼儿的独立构思和表达能力，所以活动过程中常常采用轮换的形式，有讲述者也有倾听者。首先，教师可以以自身专注的表情教会幼儿怎样去听，让幼儿在耳濡目染中逐步懂得控制自己的言行，养成专心听讲的习惯。其次，明确倾听的要求。当讲述者讲述时，教师可以给予倾听者一定的任务意识，让幼儿带着任务去倾听。最后，进行适度的激励。在活动中，当幼儿表露出认真倾听的行为时，教师要运用鼓励、表扬、适当的奖励等一些积极的方式来肯定幼儿的倾听行为。

3. 听说游戏活动的环境创设

听说游戏是用游戏的方式来开展的语言教育活动，目标是以培养幼儿倾听和表述能力为主，它属于规则游戏。听说游戏开始时以活动的方式进行，教师需要帮助幼儿理解活动的内容，交代游戏的规则，并且示范游戏的玩法，在幼儿逐步掌握游戏规则后再放手让幼儿独立进行游戏。对于听说游戏活动的环境创设，教师应该注意：设置游戏情景，营造游戏氛围；保证游戏时间，创设轻松的教育环境。

4. 文学教育活动的环境创设

文学教育活动是以学前儿童文学作品为基本教育内容而设计组织的语言教育类活动。这类活动的环境创设应注意：创设相应的文学情境，为引出文学作品作铺垫；提供丰富的体验环境，帮助幼儿体验作品的艺术魅力。教师可结合图片、幻灯片，借助美术、音乐等艺术手段，布置一个安静、和谐、优美的环境，将幼儿带入一个充满幻想和神奇的文学宫殿中。

5. 阅读活动的环境创设

幼儿园阅读活动主要是为幼儿提供阅读图书的经验，因而需要向幼儿提供一个含有较多阅读信息的教育环境。对于早期阅读活动的环境创设，首先要创设丰富的阅读物质环境。丰富的阅读物质环境需要充足的阅读时间和空间，以及各种丰富的阅读信息。其次要创设宽松、自由、具有浓厚阅读气氛的环境。例如，各班可以以主题墙、图书区的环境创设为主，生活环境、活动区为辅，努力营造有趣味的阅读情境，促进班级良好阅读氛围的形成。同时，教师要为幼儿树立良好的阅读榜样，常向幼儿讲述图书中的动人故事。

（三）社会领域教学活动的环境创设

社会领域的教育具有潜移默化的特点，尤其是幼儿社会态度和社会情感的形成，往往不是教师直接“教”的结果，而是通过在实际生活和活动中积累有关经验和体验来实现的。在创设这样的环境时要考虑以下两点：一是如何将真实的社会生活呈现在幼儿面前；二是如何让幼儿充分与社会生活接触，采用哪些方法引导幼儿主动地观察、体验、思考、发现。社会领域的教学活动分为自我教育活动、社会环境与社会规范认知教育活动、人际交往教育活动、多元文化教育活动，这些教学活动在环境创设时各有侧重点，具体有以下四点。

1. 自我教育活动的环境创设

自我教育活动是帮助幼儿认识和接纳自己，增进自我价值感和自信心，学会认识、理解和恰当表达自己的情绪情感、控制自己行为的活动。对于自我教育活动的环境创设，我们应该注意营造平等、宽容的心理氛围，创设有利于发挥幼儿主体性的环境。作为一个教师要以宽宏的胸怀去爱护全体幼儿，给幼儿学习、活动的自主权和选择权，能够让幼儿以主动和创造性的方式参与自我教育活动，在主动建构中发展自我。

2. 社会环境与社会规范认知教育活动的环境创设

幼儿对社会环境的认知主要包括对家庭、幼儿园、社区结构、家乡、国家等社会环境的认知；社会规范的认知主要包括对基本道德规范、文明礼貌规范、公共场所行为规范等知识的认识和理解。此类活动的环境创设应注意利用与幼儿生活有紧密联系的具体的社会环境；创造条件鼓励幼儿与环境、材料产生积极互动。

3. 人际交往教育活动的环境创设

幼儿园的人际交往教育活动是教师通过创造一定的情境和条件，引导幼儿学习某种人际交往能力的教育活动。在人际交往教育活动的环境创设过程中，首先需要创设一个人际交往情境，激发幼儿的交往兴趣。例如，开展“大带小活动”“生日沙龙”等。其次利用游戏，让幼儿在游戏活动中体验交往。例如，“娃娃家”中父母与娃娃的交往、“理发店”中发型师与顾客、“医院”中医生与患者的交往。

4. 多元文化教育活动的环境创设

多元文化教育主要是对学前儿童进行世界文化的启蒙教育，应以本国文化为主、外国文化为辅，培养儿童公平、公正的意识。此类活动的环境创设，应注意接纳不同的文化，让幼儿感到教师的言行举止都表现出对各种文化的尊重；把民族文化和世界文化融合起来，可以通过在幼儿的各个活动区投放具有多元文化特色的玩具或材料让幼儿充分感受到多元文化无处不在、无时不在。例如，益智区可以投放世界地图、地球仪；美工区可以投放各国或各民族的特色服装、建筑的图片等。

（四）科学领域教学活动的环境创设

幼儿科学教育的内容非常广泛，对于不同内容的活动，有着不同的学习对象和学习方式，有的是运用观察的方法，以认识事物的特征为目的；有的主要通过动手操作和实验，探索事物的规律；有的是动手制作某个物品，培养想象力、创造力及动手能力等。幼儿科学教育活动主要有以下五种类型：观察类科学教育活动、实验操作类科学教育活动、技术制作类科学教育活动、交流讨论类科学教育活动、数学类科学教育活动。

1. 观察类科学教育活动的环境创设

观察类科学教育活动是以观察为主的认知手段，让幼儿探索客观事物及现象的特征、发展幼儿的科学认知、培养科学情感、形成科学态度、训练科学方法的一种科学启蒙教育活动。创设环境时应考虑选择合适的观察对象，选择那些具有显著特征能引发幼儿兴趣的观察对象；创设一个需要调动幼儿多种感官参与的教育环境。在幼儿观察时，应尽可能让幼儿看清观察对象的样子、听到它的声音、闻到它的气味、尝尝它的味道、触摸它的质感。

2. 实验操作类科学教育活动的环境创设

实验操作类科学教育活动是指幼儿通过自己动手操作仪器和材料，发现客观事物的变化及其关系的科学活动。此类活动的环境创设应注意创设问题情景，激发幼儿对实验操作教育活动的兴趣；创设教育情境，使幼儿感到实验操作的意义。例如，科学实验活动“灯泡亮起来”，教师提供了小灯泡、电池、电线，目的是利用这些材料使小灯泡亮起来，在开展活动的时候教师创设问题的情景是“有个秘密要告诉大家，用这些材料可以让小灯泡亮起来，谁愿意去试试？”实验结束后教师又对灯泡亮起的因果关系进行讲解，创设一定的教育情境，使幼儿感到学习的意义。

3. 技术制作类科学教育活动的环境创设

技术制作类科学教育活动是指幼儿学习制作产品、使用科技产品，以真实的科学本质为基础，逐渐形成对科学技术的基本认识，了解技术的转化和中介作用的科学活动。创设环境时要借助社会资源，在幼儿尝试制作时，应提供充足的操作时间。

4. 交流讨论类科学教育活动的环境创设

交流讨论类科学教育活动是指幼儿在亲自探究与收集资料、整理资料的基础上，通过集体的交流讨论、分组讨论、借助图片讨论、不同观点辩论等手段获取科学知识的一种科学教育活动。对于交流讨论类科学教育活动的环境创设应注意：建立民主课堂，创造平等对话的环境；给幼儿提供能利用多种手段表达科学认识的环境。例如，图像记录、艺术表演、作品展示、多媒体资料等。

5. 数学类科学教育活动的环境创设

数学类科学教育活动是研究幼儿学习数学的认知特点、规律和方法，引导幼儿在生活中感知事物的数量关系、空间关系、时间关系，培养幼儿学习数学的兴趣，是发展幼儿数学能力的一种教育活动。在创设此类活动的环境时，应因地制宜，立足幼儿的实际生活。生活中有大量的材料可供幼儿进行数学活动，如石子、小木棍等实物。教师还要创设优化的操作环境，除了说明操作目的、要求和方法外，还要提供充足的操作材料，和幼儿一起讨论操作的结果。

（五）艺术领域教学活动的环境创设

在幼儿园艺术领域的教学过程中，教师需要注意引导幼儿充分运用视觉、听觉、触觉等多种感官，感知色彩、声响等的意蕴，调动想象、思维、动作、语言的参与，反馈感受程度，促进理解。艺术领域的教学通常被划分为音乐教学活动和美术教学活动。这两类教学活动由于自身特性不同，在创设环境时有各自的要求和侧重点。

1. 音乐教学活动的环境创设

创设一个充满活力的环境，让幼儿自己动起来；创设表现环境，给幼儿展示的舞台。幼儿园音乐教学环境应当是开放式的、充满活力的，幼儿在愉快的气氛中展现自己、表达情感、表现音乐的能力。例如，在音乐活动“动物狂欢节”中，幼儿在音乐伴奏下模仿小动物们的走路姿势，随着音乐进行动作的创编和表演，幼儿对于音乐的感受得到了很好的表现，真正地体现了乐在其中。

2. 美术教学活动的环境创设

创设一个幼儿自愿接受的学习环境，营造一个自由、轻松的美术活动氛围。在美术教学活动中，教师要提供丰富的绘画、手工制作材料，鼓励儿童大胆的想象与创作，在活动区可以摆放一些名画与工艺品，营造艺术欣赏的氛围，丰富幼儿的审美情趣。还可让幼儿实地写生，体验生活、观察事物，运用艺术手段抒发自己的情感。

第四节　幼儿园的人际环境创设

积极构建整体的健康的心理环境，才能对幼儿的心理起到全面的渗透作用。在幼儿园里，不单园长、教师，包括保育员、后勤人员，只要是幼儿园环境中的一份子，人人都有关心、帮助幼儿的责任。同时还要指导和帮助家长掌握正确的教育方法，联合社区共同营造出平等和谐的人际环境。

一、建立和谐的师幼关系

在幼儿园的班级中，教师与幼儿之间构成的师幼关系是人际互动的核心。教师在日常生活中需要与班级中每个幼儿进行交流与互动，他们对幼儿的态度、与幼儿的交流方式直接影响了幼儿对所在班级的情感态度。在某种程度上，幼儿教师的性格修养、言行举止可以决定班级人际关系是否和谐。

（一）教师在幼儿心理环境中的作用

心理健康不仅指没有疾病，个体社会生活适应良好，还指人格的完善、心理潜能的充分发挥，亦指在一定的客观条件下将心境发挥成最佳状态。而儿童时期的心理是否健康，对幼儿一生的健康和幸福都会产生深远的意义，因而幼儿教师的心理健康显得尤为重要。

1. 幼儿教师的心理健康是幼儿心理健康发展的需要

在幼儿心理健康发展和健康人格的形成中，起着重要作用的除父母之外，就应该是教师了。教师不仅是幼儿知识、智慧的启蒙者，更是幼儿情感、意志、个性的塑造者。在幼儿眼中，教师是无所不能的权威。正是由于教育对象的特殊性，幼儿教师的心理健康对幼儿心理健康的发展有着重要影响。

2. 幼儿教师的心理健康是从事幼儿教育工作的必要条件

心理健康是人们学习、生活和工作的基本条件，与失去身体健康一样，不健康的心理会直接影响到人的各种活动的正常进行。特别是幼儿教师，他们的心理失常，将直接影响下一代的健康成长。

3. 教师对幼儿的爱是检验一位教师心理健康的重要因素

幼儿教师要培养自己对幼儿的爱，关心爱护每一个幼儿，尊重幼儿的人格，平等公正对待每一个幼儿，因为爱是一切善良、崇高、力量、温暖、快乐的创造者，每一个幼儿都需要爱。将对一部分幼儿的喜爱，扩大到对所有幼儿的博爱，是教师热爱学生的感情升华，也是幼教工作必须迈出的一步。

4. 教师与幼儿的感情是幼儿心理健康发展的纽带

热爱幼儿是幼儿教育最基本的品质，对孩子没有真正的爱就没有真正的教育。爱也是幼儿的一个迫切的心理需要，教师与幼儿之间建立良好的感情关系，能使幼儿产生积极愉快的情绪，提高幼儿参与教师活动的积极性。

（二）师幼关系建立的具体做法

和谐的师幼关系以互相信任、互相尊重、互相平等为特征，要求教师能够树立正确的儿童观、教育观，尊重孩子的主体地位，真诚地接纳每一个幼儿，不仅学会赏识幼儿、表扬幼儿，而且要做到善于用情感和语言让幼儿感受到教师的爱，使得幼儿愿意与教师分享自己的内心世界。

1. 教师要关注并满足幼儿的需要

教师每天都与幼儿直接接触，每天都会遇到不同的问题。幼儿有时哭闹，有时安静，有时任性，有时退缩，有时彬彬有礼，有时蛮不讲理，这就需要教师认真观察了解，科学地、适时地关注并分析幼儿行为背后的情绪来源，满足他们的各种需要，这是帮助幼儿形成心理安全感的前提。

2. 教师要以宽容的态度对待幼儿

幼儿的天性就是好动，在一个班级集体当中，需要建立各类生活和教育常规来管理并教育幼儿。但是，幼儿由于生活经验的不足以及自我控制能力较差，仍然会出现各种犯规的行为，作为幼儿教师，就要了解幼儿这种行为的起因，并且采用恰当的方式处理问题。宽容的态度能在爱心的前提下，对幼儿的行为实现真正的理解，即使犯了错误的幼儿也能从教师那里获得积极的心理暗示。

3. 教师要对所有幼儿一视同仁

班级集体中的幼儿可能来自不同教育背景、习俗、经济阶层的家庭，他们的性格、气质类别不同，在日常生活和游戏中表现出来的认知、情感和社会交往特征也各不相同，教师能否对他们一视同仁，直接影响着他们对自己、对他人、对集体的态度和情感。对幼儿一视同仁，要求教师以平等的姿态和充满爱心的言行举止与幼儿交流，让他们感受到自己在集体中与他人一样得到教师的爱和关心。

二、支持幼儿的同伴交往

同伴交往是幼儿园班级生活的一个重心，尤其在当前以独生子女为主的时代，许多幼儿不善于与同伴友好相处，不会处理同伴间的矛盾，在交往中经常出现攻击性行为，打人、独占、抢夺玩具等情况经常发生。教师在与幼儿互动的过程中要认识到同伴交往是学前儿童成长的必要经历，创造更多的条件支持幼儿的同伴交往，利用各种活动，提供自我服务和为别人服务的机会，让幼儿在与同伴交往的过程中，学会尊重他人，关心他人并帮助他人，掌握分享、合作、等待等社会交往技能，而且通过相互学习和影响，逐步改变过于“自我中心”的心理状态。这样才会逐渐学会从别人的立场和观点考虑问题，增进幼儿间的相互合作，减少出现冲突或拒绝行为，并较多地参与到教师计划的教育活动中来。具体做法如下。

（1）教师要在各类活动中提供同伴交往的时间和场地，布置一些需要同伴合作的任务，以增加同伴交往的频率，鼓励幼儿之间多互动。

（2）教师要细心观察幼儿在同伴交往中的表现，尤其是在出现问题和交往障碍的时候，及时发现并解决问题，对同伴交往进行示范和引导。

（3）教师要教给幼儿必要的同伴交往的技能，让他们学会必要的语言、行为、神态等交往方式，关注并尊重他人。对于一些性格孤僻甚至有交往困难的幼儿可以进行有意识的训练。

三、构建幼儿园与家庭、社区合作的关系

幼儿园与家庭、社区合作既是社会发展对幼儿教育提出的客观要求，又是幼儿教育自身发展的内部需要。

（一）幼儿园与家庭的合作关系

家长作为幼儿的监护人，为幼儿营造的家庭环境、提供给幼儿的教养方式以及家长自身的文化程度和教育能力都对幼儿的身心产生影响。许多幼儿在幼儿园中表现出来的不良习惯、行为问题和心理障碍的根源就在家庭中，或者就在家长身上。教师与家长形成良好的沟通关系，能够获得幼儿成长中的更多信息，对幼儿在集体生活中的表现做出客观的判断，并采取合理的保教措施促进幼儿发展。

1. 家、园形成教育合力

家长与幼儿园教育之间合力的大小取决于二者之间的关系，二者完全一致时合力最大。幼儿园是专门的教育机构，按《幼儿园工作规程》的规定，负有“主动与幼儿家庭配合”“建立幼儿园与家长联系的制度”的责任。

2. 家、园合作的主要内容

一方面鼓励和引导家长直接或间接地参与幼儿园教育，同心协力地培养幼儿。直接参与是家长直接参与到幼儿园对幼儿的教育过程中，如共同商议教育计划、参与课程设置、被邀请主持一些教育活动等；间接参与是家长为幼儿园提供人力、物力支持，或将有关意见反映给幼儿园和教师。另一方面幼儿园帮助家长树立正确的教育观念和教育方法。这两方面的内容是相互促进、相互结合、可同时进行的。

3. 家、园合作的方法

幼儿教师与家庭合作的方法很多，除了利用家访、家长会、亲子游戏、家园联系簿等方式外，电话、短信、微博、QQ 群、微信等也是有效的联系途径。教师可以及时有效、有针对地与家长进行信息互通，以便调整自己的教育策略。

4. 家、园合作的问题

一是家、园合作尚不够深入，较多的停留在表面，表现为“三多”和“三少”，即家长虽然进入了幼儿园，但参观的多、参与的少；间接参与较多、直接参与较少，家长很少深入到幼儿园教育过程深层次的环节中；一次性的直接参与多，经常性的直接参与少。二是家庭和幼儿园的教育内容脱节，表现在家长来园参与活动往往是和幼儿一起游戏，而回家后不大可能把这些和家庭教育联系起来。

（二）幼儿园与社区的合作关系

幼儿园周围的社区是幼儿十分熟悉的地方。社区的自然环境和人文环境在幼儿的成长，特别是在其精神的成长中有着特殊的意义。在幼儿园教育扩展到社区的大背景下，充分利用社区环境中富有教育意义的自然和人文景观、革命历史文物、遗迹等，不仅是教育空间的扩大，更是教育内容的丰富和深化。

1. 与社区资源共享，发展以幼儿园为核心的社区幼儿教育

幼儿园在社区中发挥自身作为专门教育机构的优势，向社区辐射教育功能，如节假日向社区开放幼儿园，供社区的儿童利用园内的设施等。

2. 为社区精神文明的发展服务，共创幼儿发展的良好社会环境

幼儿园作为社区的组成部分，应提高自身的文明程度，为优化社区的文明质量做贡献，如美化幼儿园环境、提高幼儿园教师与工作人员的素质、培养幼儿良好的文明习惯等。幼儿园通过社区活动与园内教育活动的结合，可以同时促进幼儿素质的提高和社区精神文明的发展。

3. 幼儿园与社区结合存在的问题

幼儿园与社区的结合是一个新的课题。在结合过程中，存在的主要的问题有较多流于形式，实质性的教育效果不大；打乱了幼儿园的生活常规，加重了教师和幼儿的负担；将与社区结合的活动和幼儿园的教育活动分离开来，不能有效地利用社区环境来深化幼儿园教育。

4. 幼儿园与社区合作注意事项

幼儿园与社区结合并不是要求幼儿园在本职工作之外去举办大型活动，借此来参与社区的活动；也不是增加教师与幼儿负担的额外工作；幼儿园完全能够将与社区结合的活动纳入到自己的教育内容中去，二者应当有机地结合起来，相得益彰。

课后思考与练习

1. 什么是幼儿园环境？什么是幼儿园的物质环境和精神环境？

2. 参观幼儿园环境，思考你所看到的幼儿园物质环境创设中，遵循了哪些原则？采用了哪些方法？

3. 以个人或小组为单位，选择一个领域，设计一个教学活动，并创设出所需要的教育环境。

4. 分析教师与幼儿、幼儿与幼儿交往的事例。

第三章　幼儿园班级主题墙布置

教学建议

1. 理解主题墙的类别及多种表现形式，领会幼儿园班级主题墙的主题设计。

2. 学会恰当运用主题墙设计的基本要素，提高设计能力。

3. 掌握主题墙设计方法与制作步骤，能根据不同的主题进行幼儿园主题墙的设计、布置。

幼儿园班级主题墙的布置，是丰富幼儿园教育环境、优化教学手段、提高教育质量的一个重要途径。把主题墙紧密地与班级的主题教学活动相结合，创设与主题活动相呼应的、反应主题活动的起源、过程和延伸的主题墙，从而丰富和深化主题教学活动，有效促进幼儿的学习和发展。

第一节　节日主题墙的设计与布置

节日活动是幼儿园生活的一个重要内容，也是对孩子进行爱国主义教育和道德文化教育不可或缺的形式。配合节日活动而布置的主题墙是班级环境创设中难度较大的工作，也是幼儿园环境创设的重点。其内容和形式也是随着时代发展不断变化、不断创新的。

一般来说，节日主题可分为中国节日和国外节日两种形式。常见的中国节日主题有春节、端午节、中秋节、国庆节、六一儿童节等；国外节日主题有圣诞节、万圣节等。对节日主题墙的精心布置，不仅能使幼儿了解中外传统节日习俗，营造节日气氛，还能促使幼儿接受积极向上的、潜移默化的文化熏陶，得到心灵上的滋养，从而激发热爱生活的情感。

一、中国传统节日、国外节日主题墙设计图例

节日主题墙设计图一般以具有节日特点，能够营造浓郁节日氛围的装饰性图画为主要内容，图画中的人物和动物一定要是幼儿喜欢、易辨识的，并且色彩要鲜艳、明快、响亮，具有时代艺术美感，如图 3-1 ～图 3-9 所示。

图 3-1 “过年”设计图

图 3-2 “元宵节”设计图

图 3-3 “端午节”设计图

图 3-4 “中秋节”设计图

图 3-5 “重阳节”设计图

图 3-6 “复活节”设计图

图 3-7 “万圣节”设计图

图 3-8 “感恩节”设计图

图 3-9 “圣诞节”设计图

二、中国传统节日、国外节日主题墙设计方法与制作步骤

中国传统节日和国外节日主题墙布置是幼儿园班级环境创设的重要内容之一，对幼儿学习中国传统文化与国外文化有着重要的意义。

（一）中国传统节日、国外节日主题墙设计方法

根据中外节日主题活动的目标、内容及节日特点来设计节日主题墙，方法如下。

1. 分析主题

中国传统的主要节日和喜闻乐见的国外节日，一般来说都有特定的习俗内容与形式。它的创立、继承和传播都有特定的历史环境和文化背景，所以在主题设计时不能“离题万里”。

2. 设计思路

每一个节日在现实生活中都和幼儿息息相关，主题墙展现的应该是孩子们共同关注的问题。因此，可以围绕一个主线，将礼仪、习俗、民间艺术穿插其中，设计多个子主题，使幼儿了解节日的风俗习惯，激发幼儿对中华民族传统文化和西方文化的兴趣，使主题的开展更加有声有色。同时通过让幼儿参与主题墙的布置，锻炼他们的动手能力，提高他们的想象力和创造力。

（二）中国传统节日、国外节日主题墙的制作步骤

根据不同的节日内容进行主题墙的制作，具体步骤如下。

（1）了解主题墙的空间环境与面积大小，搜集和主题相关的图片资料。

（2）准备工具和材料，在材料的选择上要尽量丰富。

（3）根据具体内容，进行主题墙的构图与色彩搭配。

（4）运用绘画和手工技法进行主题墙的具体制作。

（5）整理完成主题墙的制作。

案例一：“过年了”主题墙的制作

春节是中国的传统佳节，也是中国人最重视的节日。“过年了”主题墙的布置应遵循热烈、红火、喜庆的原则，运用传统的灯笼、对联等必不可少的节日元素进行装饰，让幼儿了解有关过年的风俗习惯，激发幼儿对中华民族传统文化的兴趣。制作步骤如图 3-10～图 3-18 所示。

图 3-10　步骤一

注：用丙烯颜料将背景涂色

图 3-11　步骤二

注：剪出房屋的形状，装饰上红色的对联和福字，突出过年的喜庆

图 3-12　步骤三

注：先将边长 5 厘米的正方形卡纸，卷成筒状，再粘贴上红纸，用透明胶黏合；最后将做好的“鞭炮”安到中国结上

图 3-13　步骤四

注：在牛皮纸上画出大树的形象，剪下粘贴到画面中

图 3-14　步骤五

注：在彩纸上画出灯笼的形象，将其剪下，粘上吊穗

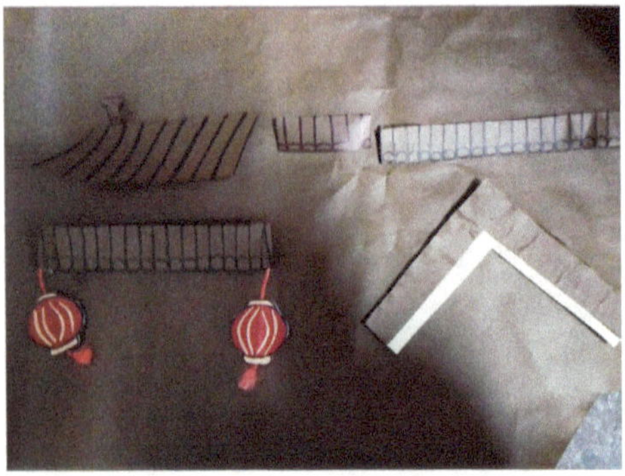

图 3-15　步骤六

注：在黑色卡纸上画出屋顶的形状，剪下，安上做的灯笼

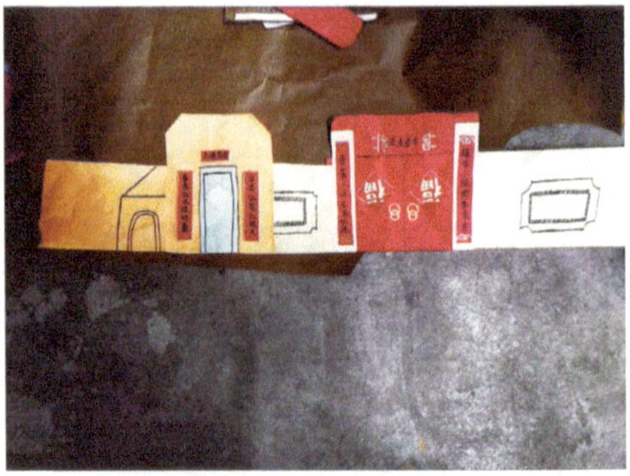

图 3-16　步骤七

注：将制作好的房子组合在一起，粘贴到背景上

图 3-17　步骤八

注：用彩笔画出多个儿童形象，分别粘贴到画面预留的位置

图 3-18　完成图

注：用棉花装点成雪花，将背景画上烟花，主题墙制作完成

案例二：“有趣的灯谜”主题墙的制作

元宵节是我国重要的传统节日之一，又称“上元节”“灯节”。以“有趣的灯谜”为主题的墙面布置，使幼儿在了解传统文化和风俗习惯之余，充分感受到正月十五元宵节的乐趣，激发幼儿猜灯谜的兴趣。设计时采用的图画和色彩都要符合元宵节的特点。制作步骤如图 3-19～图 3-28 所示。

图 3-19　步骤一

注：根据主题的需要，用丙烯颜料将背景涂成蓝色

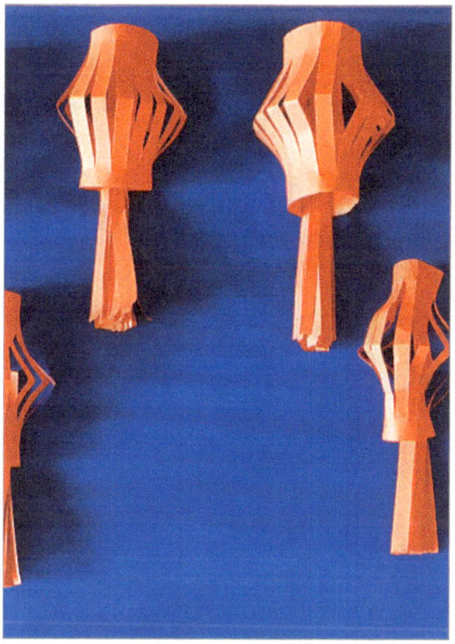

图 3-20　步骤二

注：将红色卡纸裁成长条状，在上面画上等距的竖线并沿线剪开，注意两端不要剪断，最后围起、粘合，向中心按压成型，再添加上吊穗

图 3-21　步骤三

注：用彩纸剪贴出狮子头，在条幅上写出祝福语，粘贴到合适的位置

图 3-22　步骤四

注：用同样的方法制作出另一个狮子头，分别粘贴到画面两侧

图 3-23　步骤五

注：将白色的纸碗切割成一半，涂成红色

图 3-24　步骤六

注：用热熔胶将纸碗固定在背景中央

图 3-25　步骤七

注：在裁好的纸条上写上谜语，分别粘贴到预留的位置

图 3-26　步骤八

注：用纸巾揉搓成团，放入碗中并固定

图 3-27　步骤九

注：将两个透明塑料盒涂成红色，作为大炮竹分别粘贴在画面的两侧

图 3-28　完成图

注：画上美丽的烟花，主题墙制作完成

案例三："快乐的中秋节"主题墙的制作

中秋节是我国的传统节日。通过"快乐的中秋节"主题墙所展示的画面，配合着故事的讲述，逐步引导幼儿了解中秋节的来历和吃月饼、赏月的习俗，以及感受中秋节的意境。制作步骤如图 3-29～图 3-36 所示。

图 3-29　步骤一

注：根据主题的需要，将背板涂上蓝色的背景

图 3-30　步骤二

注：用黄色的彩纸剪出圆月，粘贴到背景上

图 3-31　步骤三

注：在白卡纸上画出云朵的形象，剪下粘贴到背景上

图 3-32　步骤四

注：将棕色卡纸叠成条状，组成梯子，粘贴到画面合适的位置。将圆形泡沫涂上黄色，与绳子相连并固定到画面上

图 3-33　步骤五

注：将画好的兔子的形象剪下，粘贴于背景上

图 3-34　步骤六

注：在彩纸上画出嫦娥的卡通形象，剪下粘贴到背景上

图 3-35　步骤七

注：用记号笔画出月饼上的图案

图 3-36　完成图

注：剪贴完成嫦娥的形象，添加星星等装饰物，主题墙制作完成

案例四：“万圣节的大南瓜”主题墙的制作

在西方国家，每年的 10 月 31 日是万圣节前夜，为了让幼儿能感受万圣节的独特魅力，教师布置了“万圣节的大南瓜”主题墙。结合万圣节的主题活动，让幼儿了解节日的由来，知道南瓜灯是万圣节的象征物，激发幼儿对西方文化的兴趣和好奇心。制作步骤如图 3-37～图 3-48 所示。

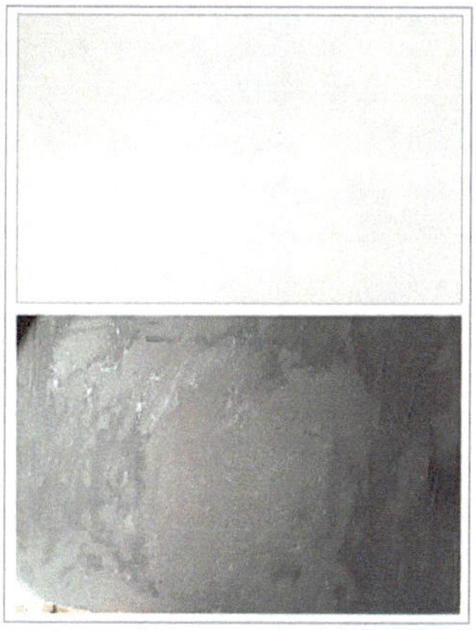

图 3-37　步骤一

注：根据主题的需要，用丙烯颜料将背景涂成黑色

图 3-38　步骤二

注：用橙色颜料将棉花染色

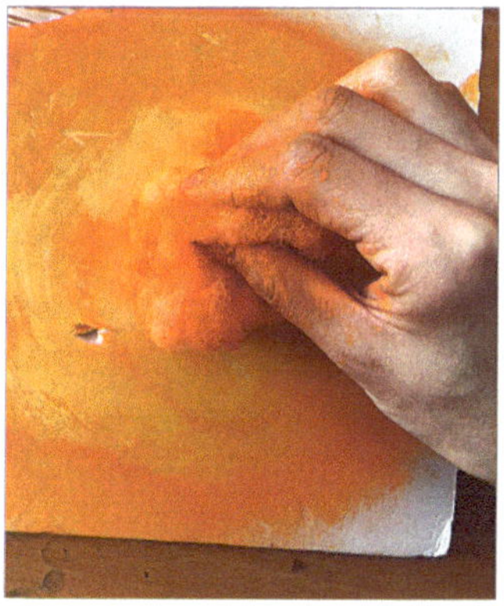

图 3-39　步骤三

注：把棉花的每一面都均匀染色

图 3-40　步骤四

注：将染后的棉花晾干

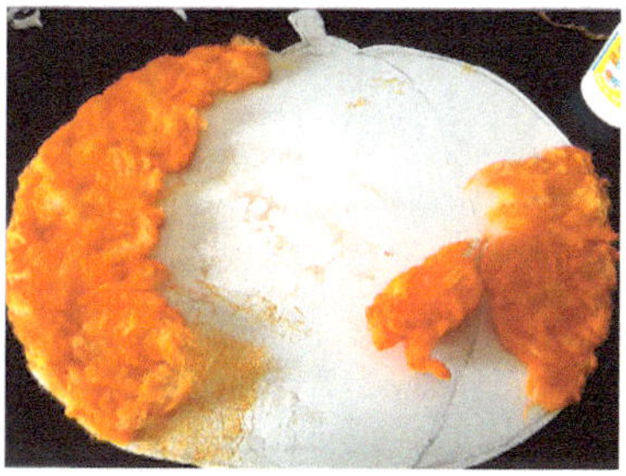

图 3-41　步骤五

注：将 KT 板切割出大南瓜的形状，粘贴到黑色背景上。将染色后的棉花粘到南瓜上面

图 3-42　步骤六

注：用黑卡纸剪出南瓜的眼睛和嘴巴，粘贴到合适的位置

图 3-43　步骤七

注：将白卡纸剪出半月形眼睛，再用黄、橙、红三种颜色的蜡笔涂色

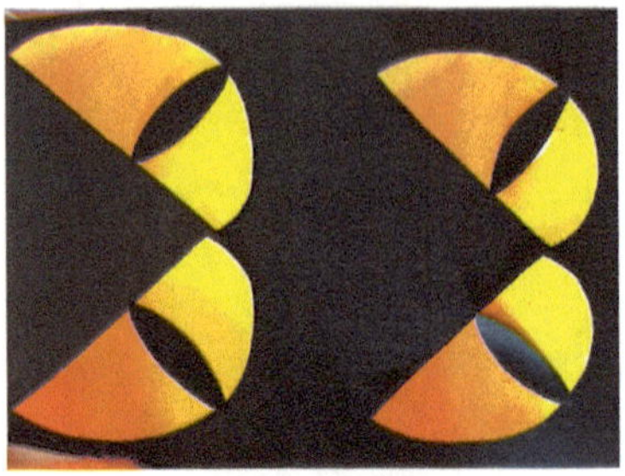

图 3-44　步骤八

注：用黑卡纸剪出眼珠，粘贴在眼睛上

图 3-45　步骤九

注：将做好的怪物眼睛粘贴到背景上

图 3-46　步骤十

注：在黑卡纸上画出蝙蝠的形象，剪下并粘贴上眼睛

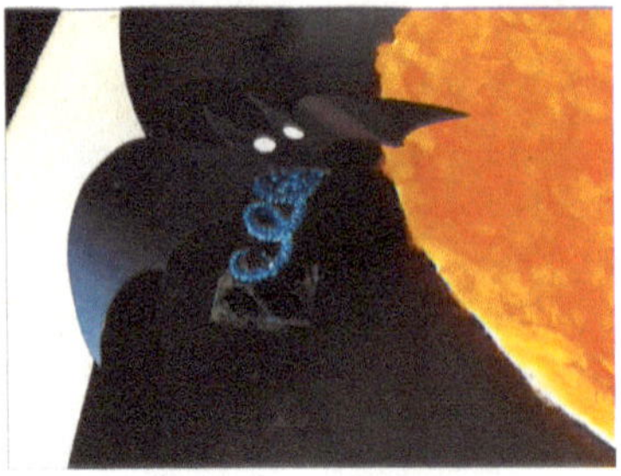

图 3-47　步骤十一

注：用扭扭棒将蝙蝠固定在背景上，呈现立体感

图 3-48　完成图

注：用闪光粉装饰大南瓜，主题墙制作完成

案例五：“万圣之夜”主题墙的制作

橙色与黑色是万圣节的色彩主旋律，蜘蛛、南瓜人都是常见的万圣节象征物。“万圣之夜”主题墙以古堡、蜘蛛和大嘴巴的南瓜人等造型设计制作，增添了这一主题的神秘感。制作步骤如图 3-49～图 3-54 所示。

图 3-49　步骤一

注：根据主题的需要，用黑色做背景，再剪出圆月和小路的形状，粘贴在画面中央。

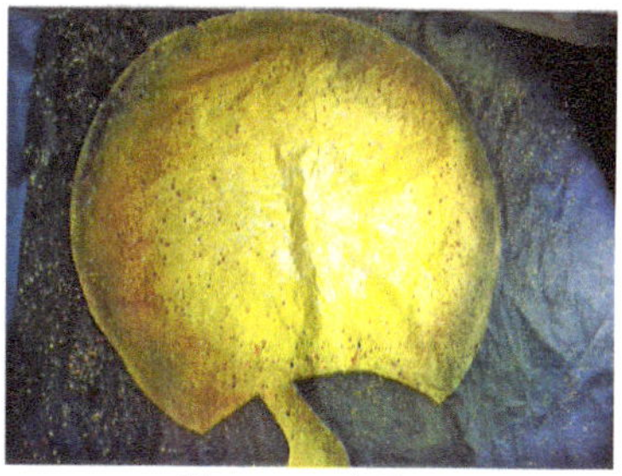

图 3-50　步骤二

注：用牙刷将水粉颜料弹到画面上，做出星空的效果

图 3-51　步骤三

注：勾画出藤蔓

图 3-52　步骤四

注：将黑色 KT 板切割出古堡的形状，窗户做镂空处理

图 3-53　步骤五

注：撕掉 KT 板上的薄膜形成肌理，将其粘贴在画面预留的位置

图 3-54　完成图

注：利用黄色 KT 板制作出南瓜人，用绳编成蜘蛛网，将黑色塑料剪出蜘蛛的形象装饰画面，最后写上英文主题，主题墙制作完成

案例六：“神秘的万圣节”主题墙的制作

“神秘的万圣节”主题墙运用了古堡、蝙蝠、圆月等造型进行设计，并以紫色、黄色与黑色作为主题墙的色彩搭配，采用绘画、粘贴、剪刻等制作手段，创设出一个神秘、有趣的万圣节环境。制作步骤如图 3-55～图 3-63 所示。

图 3-55 步骤一

注：将切割好的半圆形 KT 板粘上蓝色卡纸，再固定到背景上

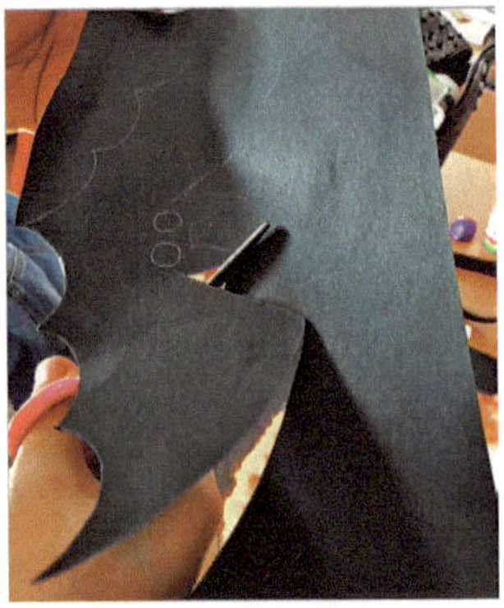

图 3-56 步骤二

注：在黑卡纸上画出蝙蝠的形象并剪下

图 3-57 步骤三

注：将剪下的蝙蝠翅膀边缘向内折，塑造立体感

图 3-58 步骤四

注：剪出月亮，贴于背景上。将做好的蝙蝠粘贴到合适的位置。再用卡纸和不织布剪贴出城堡的底部

图 3-59 步骤五

注：剪出城堡的其他部分，用不织布拼贴出门和窗

图 3-60 步骤六

注：将黑卡纸剪出树干的形象粘贴于两边；用白色蜡笔在蓝色背景上画出云雾

图 3-61　步骤七

注：用黑卡纸剪出十字架等图形，粘贴到背景上

图 3-62　步骤八

注：在黑卡纸上画出树枝的形象，剪下并粘贴到树干上

图 3-63　完成图

注：最后添加细节，“神秘的万圣节”主题墙制作完成

案例七：“圣诞老人送礼物”主题墙的制作

圣诞节是幼儿们最喜欢的国外节日，为了让幼儿了解圣诞老人会将神秘礼物分发给每个小朋友的故事，教师布置了“圣诞老人送礼物”的主题墙，让孩子们有希望和幻想，能感受到像童话世界一样的快乐、精彩。制作步骤如图 3-64～图 3-70 所示。

图 3-64　步骤一

注：用雪糕棍拼出雪橇的造型，用热熔胶固定，再用扭扭棒镶嵌边缘

图 3-65　步骤二

注：根据主题的需要，将背景涂暗色调。用彩卡纸折出小房子，粘贴在画面的下方

图 3-66　步骤三

注：将背景画出渐变的效果，用卡纸折出小房子粘贴到背景上

图 3-67　步骤四

注：完成背景的绘制，用其他材料制作小房子

图 3-68　步骤五

注：利用雪糕棍来制作屋顶，并用棉花装饰

图 3-69　步骤六

注：画出月亮和圣诞老人的形象，装饰雪橇后上色

图 3-70　完成图

注：在彩纸上画上驯鹿的形象，剪下并粘贴在画面合适的位置。主题墙制作完成

案例八：“雪地里的圣诞树”主题墙的制作

“雪地里的圣诞树”主题墙的创设能够激发幼儿参与打扮圣诞树的兴趣，感受到圣诞节欢乐的气氛。主题墙在材料的运用上既有布材料、绳材料等，也有废旧材料，不仅增强画面立体感，而且还体现出综合材料制作的美感。制作步骤如图 3-71～图 3-80 所示。

图 3-71　步骤一

注：在不织布上画出圣诞树的形象，剪下两片，将前后两片缝合，两层中间放一些蓬松棉，使其蓬松。最后固定在画面中间

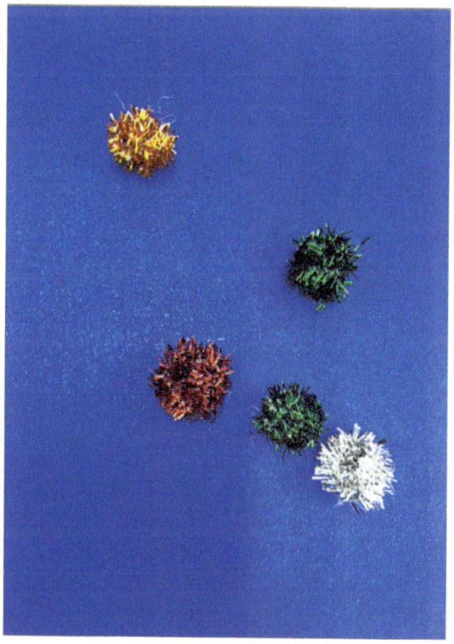

图 3-72　步骤二

注：将彩色扭扭棒卷成球状，作为圣诞树上的装饰物

图 3-73　步骤三

注：用 KT 板切割出五角星星，粘贴在圣诞树的上方，将绳子固定在树上

图 3-74　步骤四

注：用热熔胶将彩色瓶盖粘到圣诞树上

图 3-75　步骤五

注：用超轻黏土捏出装饰物，粘到圣诞树上

图 3-76　步骤六

注：将 KT 板裁出房子的形状，再用彩卡纸添加细节，用棉花装饰房顶

图 3-77　步骤七

注：在不织布上画出小动物身体各部分，剪下、拼贴到一起进行装饰，完成制作

图 3-78　步骤八

注：用白卡纸剪出多个雪花图形

图 3-79　步骤九

注：用卡纸折出礼物盒，再用彩色不织布和扭扭棒装饰外观，粘贴到合适位置

图 3-80　完成图

注：将棉花粘在画面下方，用小雪花装饰背景，主题墙制作完成

三、中国传统节日、国外节日主题墙布置实例

环境对孩子起着潜移默化的教育作用，积极创设贴近幼儿生活、幼儿喜闻乐见的节日环境，使其发挥应有的教育功能是幼儿教师必备的能力。节日主题墙的教育内容和形式应分层确立，要充分考虑不同年龄段幼儿的教育目标，形成针对性、递进性、层次性，应以小、中、大班幼儿的年龄特点、心理发展特点及审美特点为依据，综合诸多因素来布置。如图 3-81～图 3-90 所示。

图 3-81　端午节主题墙布置实例

注：大班以“端午节里人们做什么”为主题的墙面布置，让幼儿简单的了解端午节的来历和风俗习惯，了解人们是通过吃粽子、赛龙舟等活动来庆祝节日的

图 3-82　元宵节主题墙布置实例

注：中班“甜甜的元宵”主题墙，激发幼儿做元宵的兴趣和愿望

图 3-83　春节主题墙布置实例（一）

注：小班主题墙以“欢喜过新年”为核心，融合了鞭炮、窗花这些过年时的传统标志。悬挂的鞭炮烘托出红红火火的景象，让幼儿感受到新年的气氛

图 3-84　春节主题墙布置实例（二）

注：中班“过年好”主题墙融合了灯笼、鞭炮等中国传统的节日——春节所特有的元素，主题墙渲染了喜迎新年的气氛

图 3-85　中秋节主题墙布置实例（一）

注：大班“中秋节”主题墙布置。幼儿通过教师对“嫦娥奔月”故事的讲述，喜欢故事中的嫦娥形象，激起他们对真、善、美的寻求

图 3-86　中秋节主题墙布置实例（二）

注：小班“中秋节快乐”主题墙布置，以月饼、嫦娥、玉兔等形象帮助幼儿了解中秋节的相关知识，感受节日的美好氛围，度过一个难忘而有意义的中秋节

图 3-87　圣诞节主题墙布置实例（一）

注：小班“欢庆圣诞”主题墙的布置。白茫茫的大雪覆盖大地，圣诞节到了，缤纷的圣诞树和圣诞老人带给孩子快乐。

图 3-88　圣诞节主题墙布置实例（二）

注：中班“圣诞节礼物”主题墙描绘了一个小故事：圣诞老人说小朋友很能干，给孩子们送来一大包礼物。这幅画面能引起孩子的兴趣，使他们发挥想象，感受节日的气氛

图 3-89　万圣节主题墙布置实例（一）

注：大班“万圣节前夜”主题墙布置，使用了橙色与黑色的万圣节传统色彩。主题墙的设计融合南瓜、巫婆、小幽灵等节日元素点缀画面，营造可爱又不恐怖的万圣节氛围，再结合表演区的面具扮演游戏，相信孩子们一定会渡过一个欢乐的万圣节

图 3-90　万圣节主题墙布置实例（二）

注：小班“万圣节来啦”主题墙布置，以南瓜和小朋友的手工作品作为点缀，营造节日氛围

第二节　四季主题墙的设计与布置

认识四季是幼儿园教育中永远的主题。以四季为主题的墙面布置，是将一年四季中自然界的变化和人类社会生活作为教育内容而展开的创设。幼儿能从四季的主题墙布置中，通过观察、比较、分析和探究去认识自然的奥秘。增进孩子对自然环境的了解，激发孩子热爱大自然的情感。

四季主题墙包括了春、夏、秋、冬四个季节主题墙的布置，通过对不同季节的主题墙创设，让幼儿了解一年四季大自然中各种事物的变化，全面感受四季的花、草、树木及各种季节天气的主要特征。因此，无论是春天的嫩草、鲜花，还是夏天火热的太阳；不论是秋天丰硕的果实，还是冬天飘雪的雪花，四季之美无不激荡着孩子的心灵。

一、春、夏、秋、冬主题墙面设计图例

春夏秋冬主题墙的设计图要体现四季的特点。在色彩上，春天用恬淡的绿色代表生命、和谐，夏天用橙色象征温暖、愉快，秋天用金黄色来表现收获、亮丽，冬天用蓝色寓意纯洁和天真；在内容上，春天有发芽的小草和盛开的小花，夏天有清爽的海滩和愉快的旅行，秋天有纷飞的落叶和丰收的果实，冬天有飞舞的雪花和欢乐的冰雪运动，如图 3-91 ～图 3-99 所示。

图3-91 “春天”设计图（一）

图3-92 “春天”设计图（二）

图3-93 “夏天”设计图（一）

图3-94 “夏天”设计图（二）

图3-95 “夏天”设计图（三）

图3-96 “秋天”设计图（一）

图3-97 “秋天”设计图（二）

图3-98 “冬天”设计图（一）

图3-99 “冬天”设计图（二）

二、春、夏、秋、冬主题墙面设计方法与制作步骤

一年四季无论是从气候变化，动、植物的生长，还是幼儿自身，都真切地感受到它们的特征。幼儿对春、夏、秋、冬的主题有浓厚的兴趣。因此，要利用四季所赋予我们最好的教育资源来进行班级主题墙的设计与布置。

（一）春、夏、秋、冬主题设计方法

根据春、夏、秋、冬的内容突出四季的特点，设计不同季节的主题墙。

1. 分析主题

四季对幼儿发展的价值是多方面的，通过春、夏、秋、冬的主题性设计与布置，来帮助幼儿更好地认知和体验生活与大自然的关系，从中有所收获和成长。主题也要根据季节的变化和幼儿的发展需要不断地创新与变化。春、夏、秋、冬主题是联系贯穿幼儿生活与成长的桥梁，是幼儿感受并适应生活的重要途径和手段。

2. 设计思路

一年有春、夏、秋、冬四个季节，每个季节都有它独特的魅力。在设计上，既可以将春、夏、秋、冬分别作为独立的主题来创设，也可以将“四季”作为一个大主题进行创设。在主题墙的创设中，为幼儿提供更多参与、表现的机会与条件。例如，在创设帮助幼儿认识四季变化规律和特点的主题墙时，教师可以采用留、变、添、减的方法，表现树木的变化，让幼儿用皱纹纸折出迎春花、桃花粘贴在树枝上以表示春天来了；随着气候转暖，让幼儿取下迎春花，添上桃子、补上叶子，表示夏季树叶繁茂、花儿盛开；到了秋天，再让幼儿把绿叶换成黄色、红色、棕色的叶子，在秋风中飘落满地；到了冬天，光秃秃的枝头上落满雪花。这样，四季的景色在幼儿的参与下不断地变化。

（二）春、夏、秋、冬主题墙面布置制作步骤

根据不同的季节进行主题墙的制作，具体步骤如下：

（1）了解主题墙的空间环境与面积大小，搜集春、夏、秋、冬的风景图片。

（2）准备工具和材料，收集各种各样的天然材料。

（3）根据具体内容，进行主题墙的构图与色彩搭配。

（4）运用手工和绘画技法进行主题墙的具体制作。

（5）整理完成主题墙的制作。

案例一：“春天的样子”主题墙的制作

基于幼儿喜欢花草树木等大自然中美的事物，容易被自然界中鸟鸣、雨声所吸引，同时又受绘本故事《小种子》的启发，布置了“春天的样子”主题墙。画面上云朵与太阳齐高，鸟儿相伴其间，让幼儿感受到春天美丽的景色。墙面布置

以简单鲜明的色块拼贴风格呈现。除了布材料，墙饰还采用了废旧材料来丰富画面。制作步骤如图 3-100～图 3-107 所示。

图 3-100　步骤一

注：根据主题的需要，选择白色作为背景色。将纸板剪成长条状，固定在画面下方，再用彩纸剪出太阳的形象，粘贴在背景上

图 3-101　步骤二

注：分别在红、黄、绿等颜色的不织布上画出小鸟身体各部分，剪下，拼贴出小鸟

图 3-102　步骤三

注：用同样的方法制作另一只小鸟，粘贴在画面上

图 3-103　步骤四

注：将塑料膜剪出长方形，用胶棒粘贴在背景上。将牛皮纸粘贴在纸板上面

图 3-104　步骤五

注：在绿色不织布上画出小草，剪下并粘贴到预留的位置

图 3-105　步骤六

注：将小草全部剪出，粘好

图 3-106　步骤七

注：在绿色布上画出小草的图案，剪下两片，将前后两片小草缝合，两层中间放一些蓬松棉使其蓬松，最后插在纸板上

图 3-107　完成图

注：在背景上粘些水滴状的小布块，主题墙制作完成

案例二：“窗外的春天”主题墙的制作

从“窗外的春天”主题墙中看到春天来了，小男孩推开窗户，发现鸟儿回来了，家门口的大树发出了嫩绿的新芽的画面。桃红色的小房子出现在春意盎然的画面中，妙趣横生。主题墙在废旧材料的利用上十分巧妙。制作步骤如图 3-108～图 3-117 所示。

图 3-108　步骤一

注：用蓝、绿两色彩纸布置背景，用白卡纸剪出云朵粘贴到背景上，用不织布剪贴出割草机和树丛

图 3-109　步骤二

注：在不织布上画出大树，剪下两片，将前后两片大树缝合，两层中间放一些蓬松棉，使其蓬松，再粘贴到画面左边。最后剪出小推车粘到背景上

图 3-110　步骤三

注：将纸盒裁出一个方形的开口，将边沿向外翻折

图 3-111　步骤四

注：用粉色不织布装饰纸盒的外观，再做出小男孩的形象和其他细节

图 3-112 步骤五

注：将一个纸杯的上半部分剪掉，留下下面的部分。将杯壁依次均匀地剪开，并向外翻折，制作出具有立体感的太阳

图 3-113 步骤六

注：用不织布裁成多个长条，编织后套在纸杯上，用胶粘牢

图 3-114 步骤七

注：用黄色的超轻黏土捏出小鸟，放在鸟巢里

图 3-115 步骤八

注：将鸟巢固定在大树上，再捏出鸟妈妈的形象，固定到树枝上。用绿色海绵纸剪出树叶，粘在树枝上

图 3-116 步骤九

注：用布剪出花坛，再用白卡纸剪出栏栅粘贴在旁边，并向外翻折

图 3-117 完成图

注：整理画面，主题墙制作完成

案例三：“夏日海滩”主题墙的制作

“夏日海滩”主题墙主要表现自然景观之美。画面中有镶嵌着花边的遮阳伞，沙滩上孩子们做的城堡、椰子树等形象，营造出一种浪漫的氛围。色彩配搭合理，大块蔚蓝色的海水，衬托着沙滩上各种物件，给人美的享受。制作步骤如图 3-118～图 3-125 所示。

图 3-118 步骤一

注：根据夏日主题的需要，用丙烯颜料画出沙滩背景

图 3-119 步骤二

注：在纸板上用铅笔画出椰子树的树干，用剪刀剪下

图 3-120 步骤三

注：将树干用颜料涂上棕色。用绿色卡纸剪出两片树冠，分别粘贴在树的正反两面，增加立体感。将圆木片用胶固定在树冠上，作为椰子

图 3-121 步骤四

注：将瓦楞纸剪出躺椅和遮阳伞，装饰上花边，利用方便筷完成制作

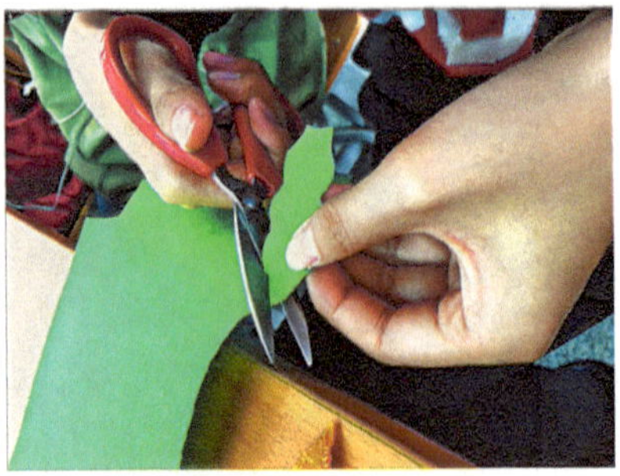

图 3-122　步骤五

注：除剪出树叶

图 3-123　步骤六

注：用同样的方法制作另一棵椰子树

图 3-124　步骤七

注：将两棵树摆放到合适的位置并粘牢

图 3-125　完成图

注：用彩纸折出立体的城堡，粘贴到画面中。再添加其他细节，主题墙制作完成

案例四：“好玩的海滨”主题墙的制作

为了让幼儿感知夏天的特征，懂得避暑的方法，创设了“好玩的海滨”主题墙。画面中，小朋友在海边，看着蓝蓝的海，在沙滩上吃着大西瓜，十分开心。主题墙用近景、中景和远景来表现广阔的空间。主题墙的制作材料以泡沫纸和卡纸为主，天空、大海和沙滩用丙烯颜料手绘而成。制作步骤如图 3-126～图 3-130 所示。

图 3-126　步骤一

注：用丙烯颜料画海洋背景

图 3-127　步骤二

注：画出落日，继续绘制沙滩

图 3-128　步骤三

注：深入描绘“夕阳下的天空”“大海”和“沙滩”，完成背景绘制

图 3-129　步骤四

注：在彩卡纸上画出人物、椰子树、海鸥等形象，剪下粘贴到画面预留的位置

图 3-130　完成图

注：添加帆船等形象，丰富画面。主题墙制作完成

案例五：“多彩的秋天”主题墙的制作

秋天是丰收的季节，是花草树木变换的季节。在小朋友周围，环境都悄悄地发生着变化。为了让幼儿了解秋天的主要特征，以及秋天的气候、植物的变化，欣赏秋天的美，陶冶幼儿的审美情趣，创设了“多彩的秋天”主题墙。制作步骤如图 3-131～图 3-138 所示。

图 3-131　步骤一

注：根据主题的需要，用丙烯颜料绘制出风景。用牛皮纸折出大树粘贴在画面上

图 3-132　步骤二

注：剪出多片树叶

图 3-133　步骤三

注：将剪好的树叶折出立体效果，逐层粘贴到大树上

图 3-134　步骤四

注：制作果实。将不织布剪裁后，填充蓬松棉，缝合后固定在画面上

图 3-135　步骤五

注：用棉花拼贴出云朵

图 3-136　步骤六

注：用木棍和绳制作秋千，用不织布缝制一个松鼠玩偶，固定在画面上

图 3-137　步骤七

注：画出小刺猬，再将圆木片涂色，粘贴到合适的位置

图 3-138　步骤八

注：将树干涂色，主题墙制作完成

案例六：“秋天的旋律”主题墙的制作

秋天到了，颜色、形状各异的树叶纷纷飘落。秋天就像一个拉小提琴的女孩，演奏出美妙、动听的旋律。“秋天的旋律”主题墙营造了一种浪漫的情境。教师可以播放音乐让幼儿感受秋天的旋律，还可以让孩子们亲自在画面上印出手印，参与到主题墙的布置中来。制作步骤如图 3-139～3-144 所示。

图 3-139　步骤一

注：根据主题的需要，用蓝色和黄色来布置背景，再在黄色区域印出手印和脚印，最后绘制树干

图 3-140　步骤二

注：在图画纸上绘出拉小提琴的女孩

图 3-141　步骤三

注：将女孩沿轮廓剪下

图 3-142　步骤四

注：在卡纸上画出枫叶，用刻刀刻出，分别粘贴在树枝上

图 3-143　步骤五

注：用褐色的绳子摆出小树枝的形状，用胶水固定到画面上，再画出白色的树叶丰富画面

图 3-144　完成图

注：主题墙制作完成

案例七：“北极熊过冬”主题墙的制作

主题墙“北极熊过冬”用夸张和拟人的表现手法，展现了聪明的北极熊正在储存过冬食物的情景。情节设计具有趣味性，画面背景绘制得形象逼真，让人感觉身

临其境。主题墙运用了丰富的手工材料进行装饰，还融入了和幼儿互动的游戏内容，幼儿除了欣赏还可以做游戏，丰富了墙面的功能。制作步骤如图3-145～图3-152所示。

图3-145　步骤一

注：根据主题的需要，用丙烯颜料绘制冰雪背景

图3-146　步骤二

注：绘制海水

图3-147　步骤三

注：将背景绘制完成

图3-148　步骤四

注：在不织布上画出小鱼的图形，剪下两片并缝合，在两层中间放一点蓬松棉，使其蓬松，最后缝上魔术贴

图3-149　步骤五

注：用同样的方法制作出其他小鱼，再在背景中画出一样的图案

图3-150　步骤六

注：用扭扭棒围出北极熊的轮廓，在其中间填充棉花，再装饰上眼睛、鼻子和耳朵

图 3-151　步骤七

注：将做好的北极熊粘贴到画面上

图 3-152　完成图

注：用同样的方法制作另一只北极熊，再利用塑料瓶和绳子制作桶、钓鱼竿和围脖。主题墙制作完成

案例八：“冬天的童话”主题墙的制作

“冬天的童话”主题墙，通过情节的经营，创造情境的方式来吸引幼儿的眼球。色彩运用繁而不乱，和谐统一。幼儿通过欣赏主题墙，再到屋外观察冰雪天地，认知冬天景色、体验冬天生活，发现冬天的美，激发幼儿更多的联想和想象。制作步骤如图 3-153～图 3-156 所示。

图 3-153　步骤一

注：根据主题的需要，用蓝色闪光纸来布置背景，将棉花均匀地粘到画面的下方

图 3-154　步骤二

注：在图画纸上画出雪人，剪下粘贴到画面上，再将泡沫裁切成小方块，包上彩纸，做成礼物盒，粘贴到雪人旁边

图 3-155　骤三

注：用装饰材料制作圣诞树，再用棉花点缀

图 3-156　完成图

注：用银色闪光纸剪出城堡、圣诞老人、月亮，粘贴到蓝色背景上，再添加细节，主题墙制作完成

三、春、夏、秋、冬主题幼儿园布置实例

春、夏、秋、冬的主题，要布置得色彩鲜明。在制作主题墙时，教师可以同幼儿一起到大自然中去收集材料，使他们对四季有一个感性的认识，同时也更完整、全面地感知四季的变化和特征，如图 3-157 ～图 3-164 所示。

图 3-157　“春来了”主题墙

注:“春来了”主体墙让幼儿了解春天是绿色调的，温暖的。设计上抓住了春天最具特色的元素，进行重复或者随机的排布，很好地营造春天的气氛

图 3-158　“春天里放风筝”主题墙

注：以“春风里放风筝”为主题的墙面布置。青青的小草、枝头的嫩芽、美丽的鲜花、欢快的小鸟、玩耍的孩子，墙面设计得既温馨又不失活泼，一派春天祥和的景色

图 3-159　“夏天来了”主题墙

注：夏日炎，蝴蝶飞，太阳高，花儿笑。“夏天来了”主题墙激发了幼儿热爱和探索大自然的兴趣

图 3-160　“夏天的游乐园”主题墙

注：“夏天的游乐园”主题墙布置得五彩缤纷，看着热闹。小动物们也来游乐园避暑了，夏天虽然很热，但游乐园给他们带来许多快乐的享受

图 3-161　“丰收的季节”主题墙

注：“丰收的季节”主题墙让幼儿体验到劳动的快乐，感受到秋天丰收的喜悦，从中认识了许多蔬菜、水果。

图 3-162　“金色的秋天”主题墙

注：“金色的秋天”主题墙以黄色为主色调，画面中开心的一家人和晚霞构成了秋天的美景

图 3-163　“飘雪的季节”主题墙

注：一片片无暇飘舞的雪花，一个活泼可爱的小雪人，“飘雪的季节”主题墙，让幼儿深深感受到冬日的美丽与热情

图 3-164　“冬天里的节日”主题墙

注：“冬天里的节日”主题墙，色彩恬淡，表现了冬天里欢乐和轻松的气氛，让幼儿有想在雪地里尽情玩耍的冲动

第三节　学习与生活主题墙的设计与布置

学习与生活主题的墙布置要以幼儿为主体，主题突出与幼儿实际生活的联系，记录幼儿真实感受与表达。表现学习和生活主题的题材有很多，一般以幼儿乐于接受的、感兴趣的、能增长见识的题材为宜，如在“交通安全”主题墙中可设计“小朋友怎样过马路”板块；在“环境小卫士”主题中可设计“爱护环境我们的办法多”板块，使学习贴近幼儿自己的生活。

一、学习与生活主题墙面设计图例

学习与生活主题墙的设计图要突出表现幼儿园丰富多彩的生活，从多个领域，以可爱的形象，积极向上的内容准确地再现健康、快乐、和谐的气氛，如图 3-165～图 3-173 所示。

图 3-165　“学习与生活”设计图（一）

图 3-166　“学习与生活”设计图（二）

图 3-167　“学习与生活”设计图（三）

图 3-168　“学习与生活”设计图（四）

图 3-169　“学习与生活”设计图（五）

图 3-170　“学习与生活”设计图（六）

图 3-171　“学习与生活”设计图（七）

图 3-172　“学习与生活”设计图（八）

图 3-173　“学习与生活”设计图（九）

二、学习与生活主题墙设计方法与制作步骤

幼儿园是幼儿生活、学习的世界，幼儿的一日生活与学习也是班级主题墙布置的重要资源，应积极开发和利用这一资源，为幼儿提供一个持久的注意和兴趣洋溢的班级环境。

（一）学习与生活主题墙设计方法

充分挖掘幼儿一日生活与学习中有价值的内容，来设计学习与生活方面的主题墙。

1. 分析主题

幼儿园常规包括生活常规和学习常规。学习与生活的主题旨在帮助幼儿适应幼儿园生活并初步具备独立生活、学习的能力，形成良好的生活习惯。学习与生活主题要由浅入深，循序渐进，充分尊重和保护幼儿的好奇心和学习兴趣，要注重各领域之间的相互渗透和整合。

2. 设计思路

学习与生活主题墙，要把主题墙的设计紧密与班级的主题教学活动运行方向相结合。教师和家长可提供的相关内容的支持，作为构成了主题墙饰的主体，将这些内容分领域布置在主题墙上，幼儿可以在与主题墙“对话”和“交流”过程中获得知识，丰富对有关主题内涵的理解。主题墙设计要图文并茂，以图为主，这也符合小朋友认知与阅读的特点。表现方式可以为幼儿的绘画作品、照片记录、符号记录等。

（二）学习与生活主题制作步骤

根据不同的学习与生活内容进行主题墙的制作，具体步骤如下。

（1）了解主题墙的空间环境与面积大小，搜集与幼儿学习、生活相关的图片资料。

（2）准备工具和材料，在材料的选择上要尽量丰富。

（3）根据具体内容，进行主题墙的构图与色彩搭配。

（4）运用手工和绘画技法进行主题墙的制作。

（5）整理完成主题墙的制作。

案例一：“你认识吗”主题墙制作

“你认识吗”主题墙的创设是为了提高幼儿的交通安全意识，使他们初步认识一些简单的交通标志，并了解这些标志的含义，如图 3-174～图 3-181 所示。

图 3-174　步骤一

注：将白色 KT 板用壁纸刀裁出均匀的空格

图 3-175　步骤二

注：将裁好的白色 KT 板粘贴到一个等大的黄色 KT 板上

图 3-176　步骤三

注：在不织布上画出标识的图形，剪下后组合拼贴

图 3-177　步骤四

注：用不织布和 KT 板做成斑马线的标志

图 3-178　步骤五

注：用彩卡纸剪出电话，做出细节

图 3-179　步骤六

注：将标牌分别粘贴到合适的位置。用彩纸剪出红绿灯，粘贴到背景上

图 3-180　步骤七

注：剪出五个圆形纸片，书写文字，制作标题

图 3-181　完成图

注：在背景上书写其他文字。主题墙制作完成

案例二：“时间的故事”主题墙制作

主题墙的构思源于绘本故事《时钟的书》。通过“时间的故事”主题墙，教师可以和孩子一起讨论画面中表达时间的细节。主题墙的画面具有美感，启发幼儿的想象力。制作步骤如图 3-182～图 3-191 所示。

图 3-182　步骤一

注：根据画面需要，画出天空的背景

图 3-183　步骤二

注：用棉花做成云朵精灵，粘贴在背景上

图 3-184　步骤三

注：将黄色的彩带根据设计粘贴在画面中，把纸盘粘贴在背景上

图 3-185　步骤四

注：将黄色和白色的皱纹纸搓成条，盘成圆形

图 3-186　步骤五

注：用同样的方法做出其他的星星，分别粘贴到背景上

图 3-187　步骤六

注：将剪出的数字粘贴到钟表上。再用瓦楞纸剪出两个大表针，分别粘贴在钟表两侧

图 3-188　步骤七

注：在钟表上贴上红色标记

图 3-189　步骤八

注：给指针添加上表情、灯笼，画出手臂

图 3-190　步骤九

注：给云朵画上表情和手臂

图 3-191　完成图

注：点缀出星空的效果。主题墙制作完成

案例三："月亮变变变"主题墙制作

幼儿对自然的变化规律都会感到非常好奇，都想去探索为什么，月亮的变化也不例外，所以他们对"月亮变变变"的主题会很感兴趣。通过观察月相变化图，幼儿知道月亮是不断变化的，月亮的变化是有一定规律的，制作步骤如图 3-192～图 3-196 所示。

图 3-192　步骤一

注：根据主题需要，绘制出星空的背景

图 3-193　步骤二

注：用白色 KT 板裁出 8 个等大的圆形，用黄色纸浆泥在圆片上塑造出月亮变化的形态

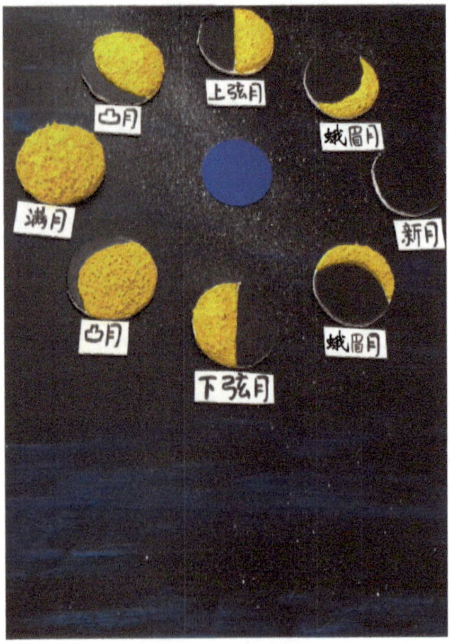

图 3-194　步骤三

注：在月亮变化图下方贴上名鉴

图 3-195　步骤四

注：用蓝、绿色不织布剪贴出地球

图 3-196　完成图

注：整理画面，主题墙制作完成

案例四：“大战蛀虫”主题墙制作

“大战蛀虫”主题墙用夸张、拟人的手法，极具想象力的画面帮助儿童了解蛀牙的危害和预防蛀牙的方法，养成早晚刷牙的好习惯，制作步骤如图 3-197～图 3-205 所示。

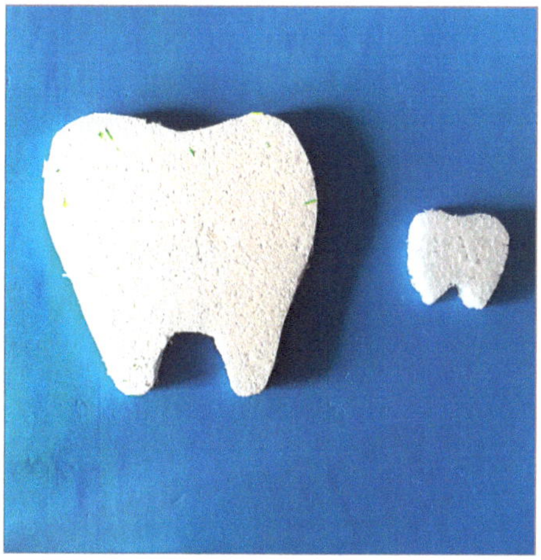

图 3-197　步骤一

注：根据主题的需要，选用蓝色作为背景。然后在泡沫板上切割出牙齿的形状

图 3-198　步骤二

注：用超轻黏土捏出蛀虫，固定在牙齿上

图 3-199　步骤三

注：捏出其他蛀虫，固定在牙齿的另一侧

图 3-200　步骤四

注：将牙齿粘贴在背景上

图 3-201　步骤五

注：用黑色记号笔画出五官和面部表情。用白色超轻黏土将眼睛贴出立体感

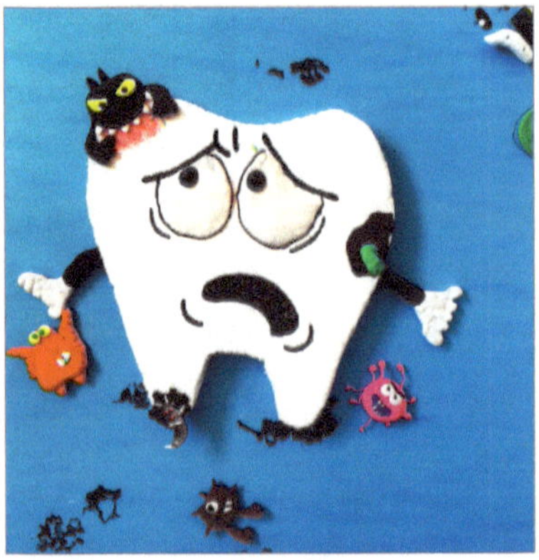

图 3-202　步骤六

注：将其他做好的细菌粘贴在合适的位置

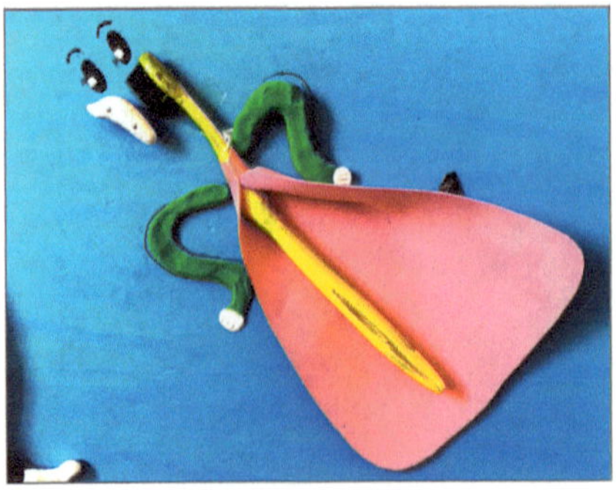

图 3-203　步骤七

注：用旧牙刷和海绵纸等材料制作出牙刷超人

图 3-204　步骤八

注：将另外两颗牙齿粘贴在画面的右下方

图 3-205　完成图

注：画出表情，添加细节，主题墙制作完成

案例五："小蓝和小红"主题墙制作

受绘本《小蓝和小黄》的启发而创设的"小蓝和小红"主题墙，其中蕴含着一个小故事，通过故事讲述，感受红、蓝两色交融的变化，感受朋友间、亲人间的爱意。主题墙上的物件都是可拆卸的，幼儿可以随意更换位置，按照自己的想法创编新的故事。制作步骤如图 3-206～图 3-211 所示。

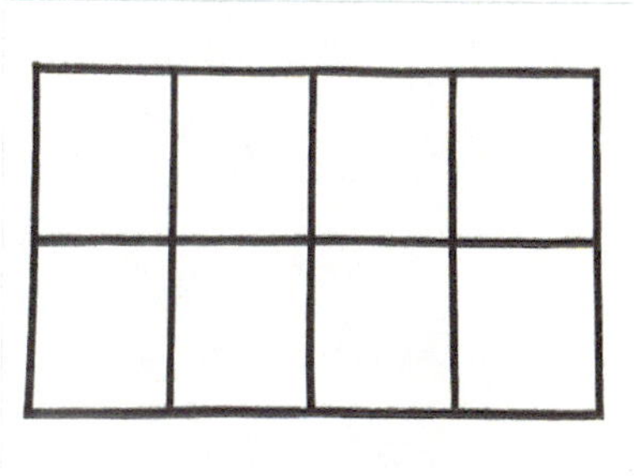

图 3-206　步骤一

注：用黑卡纸做出边框

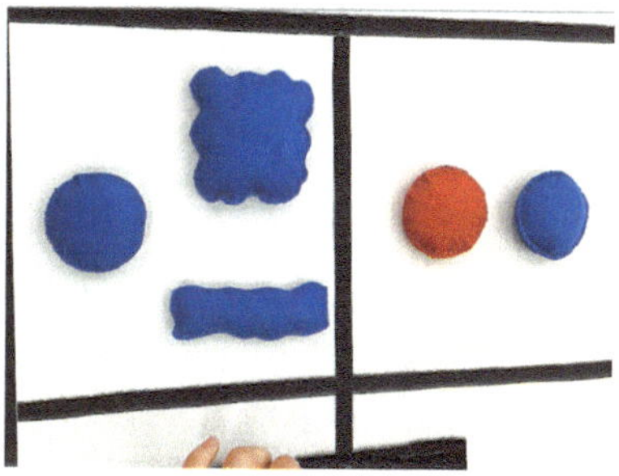

图 3-207　步骤二

注：根据故事情节，用不织布制作立体的小蓝和小红的形象，并缝上魔术贴

图 3-208　步骤三

注：用不织布制作出其他形象

图 3-209　步骤四

注：将表现色彩交融的画面分解成三个部分来做，注意不要留空隙

图 3-210　步骤五

注：将每个部分填充棉花，缝上魔术贴，固定在画面上

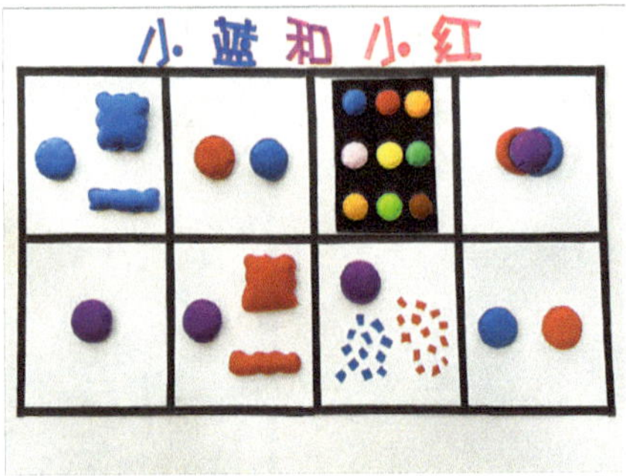

图 3-211　完成图

注：写上标题，主题墙制作完成

案例六：“找朋友”主题墙制作

“找朋友”主题墙运用大胆的想象，将垃圾桶拟人化，形象生动可爱。通过主题墙让幼儿认识环保标志，学习垃圾分类，培养分类投放垃圾的好习惯，懂得保护环境从自己做起。制作步骤如图 3-212～图 3-216 所示。

图 3-212　步骤一

注：根据主题的需要，绘制出自然环境的背景。用彩纸剪出草丛和大树，粘贴在背景上

图 3-213　步骤二

注：将纸盒改造成垃圾桶，用红色卡纸、瓶盖、扭扭棒装饰形象，贴上不可回收的标志，再将树枝固定在纸盒上

图 3-214　步骤三

注：用同样的方法制作可回收的垃圾桶

图 3-215　步骤四

注：将不织布剪贴出的环保小标牌，套在方便筷子上

图 3-216　完成图

注：将垃圾桶固定在画面上，写上主题，再粘贴上花朵和牛奶盒，主题墙制作完成

三、学习与生活主题墙布置实例

教师要结合幼儿的兴趣点进行学习与生活主题墙的创设。根据主题内容布置立体、可操作的主题墙。充分调动幼儿的积极性，让幼儿参与到主题墙的布置中来，同时发挥主题墙的作用，为幼儿的学习提供支持，如图 3-217～图 3-224 所示。

图 3-217　学习与生活主题墙布置实例（一）

注：马路是幼儿熟悉的环境，他们对马路上的各种交通标志充满了浓厚兴趣。为了让幼儿理解和遵守交通规则，识别马路上的交通标志，布置了“常见的交通标志”主题墙

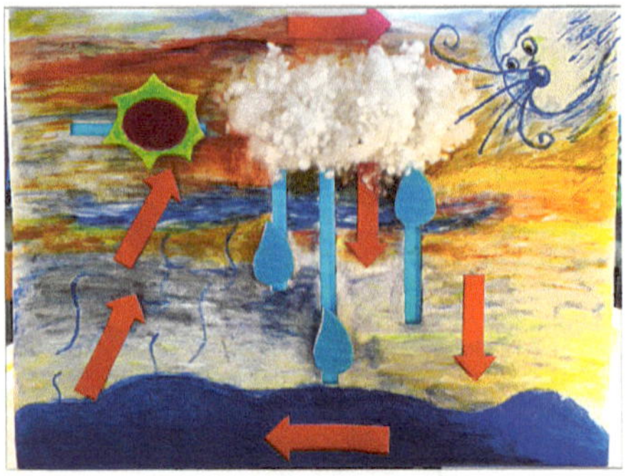

图 3-218　学习与生活主题墙布置实例（二）

注：主题墙“雨的形成”，通过教师的操作，让幼儿了解雨的形成原因，理解水的特点与蒸发的含义，体验探究的乐趣

图 3-219　学习与生活主题墙布置实例（三）

注：“繁忙的港口”主题墙，教师通过巧妙构思，创设出具有立体感的港口景观，画面中有形形色色的船只，港口机械与货物，好玩又有趣，幼儿在玩中了解港口的人文景观，拓展了生活和学习空间

图 3-220　学习与生活主题墙布置实例（四）

注：“欢乐的运动会”主题墙让幼儿感受到体育运动为他们带来的乐趣和益处，让他们知道合作竞争的意识

图 3-221　学习与生活主题墙布置实例（五）

注：“热闹的马路”主题墙，通过展示城市中的马路景象，引导幼儿了解交通规则

图 3-222　学习与生活主题墙布置实例（六）

注：“地球日”主题墙中的人物形象十分可爱，结合主题教学活动能使幼儿受到启发，帮助幼儿从小树立环保意识

图 3-223　学习与生活主题墙布置实例（七）

注：每个幼儿都有一个梦想，穿着航天服，神气十足，驾驶着飞船，探索在神秘的太空。“航天梦想”主题墙用立体造型，在幼儿面前呈现一个生动的“航天飞船”

图 3-224　学习与生活主题墙布置实例（八）

注：“我是小画家”主题墙是一个可操作的墙面，幼儿可以用笔在纸上涂鸦，还能将作品照片放在相框里展示

优秀作品欣赏

主题突出并且具有审美价值和教育价值的幼儿园主题墙，进一步拓展了幼儿的学习空间，丰富了幼儿活动形式，极大程度地发挥了潜移默化、寓教于乐的作用，让幼儿在快乐的生活环境中学习和发展，如图 3-225～图 3-240 所示。

1. 节日主题墙欣赏

如图 3-225～图 3-231 所示。

图 3-225　“春节”主题墙欣赏（一）

图 3-226　“春节”主题墙欣赏（二）

图 3-227 “植树节”主题墙欣赏

图 3-228 “清明节”主题墙欣赏

图 3-229 “中秋节”主题墙欣赏

图 3-230 “圣诞节”主题墙欣赏

图 3-231 “圣诞节”主题墙欣赏

2. 春、夏、秋、冬主题墙欣赏

如图 3-232～图 3-238 所示。

图 3-232 “春天”主题墙欣赏（一）

图 3-233 “春天”主题墙欣赏（二）

图 3-234　“夏天”主题墙欣赏（一）

图 3-235　“夏天”主题墙欣赏（二）

图 3-236　“秋天”主题墙欣赏（一）

图 3-237　“秋天”主题墙欣赏（二）

图 3-238　“冬天”主题墙欣赏

3. 学习与生活主题墙欣赏

如图 3-239～图 3-242 所示。

图 3-239　“地球日”主题墙欣赏

图 3-240　“宝宝对对碰”主题墙欣赏

图 3-241 “城市交通”主题墙欣赏

图 3-242 “动物狂欢节”主题墙欣赏

课后思考与练习

1. 下图是中班建构区的一个墙面设计，请总结它对促进幼儿学习的积极作用。

2. 请根据环境创设的基本原则，对社会活动中“我在马路边”墙面创设进行评价。

3. 以小组为单位，设计制作幼儿园节日、四季或学习与生活主题墙。要求整体布局合理，主题突出，色彩协调、统一，有创新性。

第四章 幼儿园班级常见区角布置

教学建议

1. 了解幼儿园班级常见区角的布局方法和要点。
2. 掌握幼儿园班级常见区角的布置方法和材料投放策略。
3. 能根据幼儿发展特点设计、布置各年龄班的区角环境。

幼儿园班级常见区角一般有美工区、音乐区、科学区、图书区、建构区、益智区、角色区、表演区等。以区角为主的空间结构把整个班级教室划分为不同的活动区域，用玩具柜或屏风等做区隔，将材料分别投放在各个区角内，使空间被最大限度地利用起来，使每个角落都成为幼儿操作、学习的园地。区角的布置应考虑到幼儿的年龄梯度、能力差异及相应的教育重点。

第一节 美工区与音乐区的设计与布置

美工区是让幼儿进行美术和手工创作的活动区。在这里，幼儿可以画画、折纸、捏泥人、制作贝壳项链、绘制创意画、贺年卡等。美工区基本空间构成包括：工具与材料区、操作台、作品展示区。美工区提供了丰富的材料，是为了激发幼儿对美工活动的兴趣，初步掌握美工技能，大胆地用自己喜欢的方式进行艺术表现和创造。

音乐区是通过音乐元素的运用和音乐氛围的营造来引导幼儿欣赏音乐作品，表达音乐情绪，进行音乐表演和创作的区域。在音乐区，幼儿可以使用乐器、听音乐或进行音乐表演。音乐区的创设为满足幼儿自我表现、建构和谐的同伴关系、激发探索发现的潜能、培养创造意识搭建了活泼、新颖、自由的自主学习平台。

一、美工区布置

美工区的环境布置，应周密地考虑区角内颜色、形状、线条和图案的空间安排，要突出艺术性，做到陈设简洁美观，色彩鲜明和谐，富有吸引力，并符合幼儿的审美情趣。通过美工区域环境美的直观影响，培养幼儿的审美感知、审美行为和审美创造等基本能力。

美工区可以有竖立的小画板，也可以设置大型的桌子，让幼儿集体进行美术和手工创作；桌子上应该铺上环保、透明的塑料胶，防止弄坏桌面；地面也可以铺上环保的塑料胶或地毯，以保持环境整洁。美工区的材料品种繁多，应该将不同的美工材料选用不同大小、颜色或形状的器皿来放置。材料的放置应井井有条，便于幼儿拿取和归还原处。在美工区中设置扩大幼儿视野的欣赏角，有目的、有序地向他们展示各种各样的形态、色彩之美，调动其创造美的积极性。

展示栏或作品墙是美工区必不可少的设置项目，用以展示幼儿的美工作品，能提高幼儿对美工活动的兴趣。将幼儿的美工作品平贴在展示栏或作品墙上是常用的一种展示方式。美工区的美术作品可以粘在墙上，或者用夹子夹在绳子上；一些手工作品如风铃、贺卡等，可以挂在天花板下面，也可以作为活动区之间的分隔物。

（一）布局

美工区的位置应该光线充足、接近水源，可以与图书区、角色扮演区、益智区等临近。光线充足，有利于幼儿观察和创作，还能保护视力；靠近水源，则方便幼儿洗手、清洗画笔、清洁桌面和地板。

一般美工区可容纳数人，教师可根据本班幼儿的需要和场所的许可来设计和布置，也可以根据本班幼儿对美术活动的兴趣及活动材料等情况综合考虑。如果是有较大建筑活动空间的幼儿园，幼儿对美术感兴趣的人数较多，幼儿园就可以根据幼儿的兴趣和活动的需要设置专门的绘画活动室，可以将绘画活动室分割成国画区、水彩画区等；还可以设置专门的手工活动室，可以将手工活动室分割成剪纸区、雕塑区等；也可设置综合美术室，再将其分割成欣赏区、绘画区等。

（二）材料投放

由于美工区的材料众多，如纸张和涂色用品都有多种，不是每次都需要用到，可以将材料的摆放分开层次，将常用的及允许幼儿自由取放的摆放在距地面较近的空间，将不常用到的材料放在高处或者抽屉中。

美工区投放的材料主要分为欣赏类、绘画类、手工类三种。

（1）欣赏类材料包括名家的艺术作品、工艺美术品、雕塑作品、儿童美术作品等。这些作品应是幼儿容易理解而又喜欢的，让幼儿欣赏和感受其形式美和内容美。

（2）绘画类工具和材料包括各种纸、笔、调色盘、笔洗等。材料主要包括不同类别、形状、颜色、质地的纸，如卡纸、宣纸、图画纸等；工具主要包括各种类型的笔，有蜡笔、彩色铅笔、水彩笔等；颜料主要包括水彩颜料、丙烯颜料、国画颜料等；另外还有放置颜料的容器，如调色盘、托盘等。

（3）手工类材料包括线绳、彩泥、彩纸、废旧材料及可供幼儿想象的半成品材料等。工具包括泥工工具、手工工具和各类模具。注意投放的剪刀一定是圆头的安全剪刀，还可提供能剪出各种花边的花边剪刀。除此之外，还可以投放一些辅助材料，如塑料管、蛋壳、水果网、木条、泡沫板等材料。

（三）设计图例

美工区应布置成一个让幼儿发现美、感受美、表现美的小天地。为他们的学习与创作提供适当的环境和条件，营造良好的艺术氛围。美工区的设计图可选用不规则的形状或卡通图形。字体要采用标准字体，色彩应该以明快的色调为主，给幼儿以美的视觉享受。设计元素要与区域活动的内容有关，如画架、调色盘、作画的儿童等，如图4-1～图4-4所示。

图4-1　“美工区”设计图（一）

图4-2　“美工区”设计图（二）

图4-3　“美工区”设计图（三）

图4-4　“美工区”设计图（四）

（四）布置实例

美工区的布置是为孩子创造一种自由、愉快、和谐的民主气氛，使他们能在自由的游戏中学习和创作，从而无拘无束地表现自己的想法，发展自我的想象力、创造力和美工技能，如图 4-5～图 4-16 所示的幼儿园美工区。

图 4-5　美工区布置实例（一）

注：美工区各类材料的摆放是开放的，归类合理，便于幼儿自由取放，美工区柜子的高度应适合幼儿的身高

图 4-6　美工区布置实例（二）

注：美工区空间充足，既可以为幼儿提供不同的材料、任由幼儿自由选择，又可以为幼儿交往、合作提供多种区隔形式

图 4-7　美工区布置实例（三）

注：美工区为幼儿提供不同性质的材料，允许幼儿自主选择材料去表现。同时，放置材料的地方相对集中、固定，并且各类材料均贴上标签，让幼儿和教师一目了然

图 4-8　美工区布置实例（四）

注：艺术区的标牌色彩鲜明，吊饰设计新颖，能很好地激发幼儿对美工的兴趣。蓝色的小矮桌与柜子高度适合幼儿操作

图 4-9　美工区布置实例（五）

注：美工区提供各种美术工具与材料，使幼儿在创作的过程中能够灵活运用材料进行创作

图 4-10　美工区布置实例（六）

注：巧妙地利用容器将纸、笔等分类、分色摆放，便于幼儿认识颜色，正确选择工具和材料

图 4-11　美工区布置实例（七）

注：美工区标牌的设计运用了扇面的造型，激发幼儿对中国画的兴趣

图 4-12　美工区布置实例（八）

注：设计简易的纸张收纳工具可以节约空间

图 4-13　美工区布置实例（九）

注：美工区紧邻落地窗，采光好，美工桌可容纳多名儿童共同操作，空间环境舒适美观

图 4-14　美工区布置实例（十）

注：宽敞、明亮的美工区内，作品展示架、长桌、材料摆放井然有序

图 4-15 美工区布置实例（十一）

注：美工坊用网做成的展示墙能够节省空间，并吸引幼儿的注意力。打破常规的设计能更好地激发幼儿的想象力和创造力

图 4-16 美工区布置实例（十二）

注：吊饰和墙面布置体现出色彩的魅力。墙面设有玻璃涂鸦墙，是幼儿任意发挥创作的天地

二、音乐区布置

在音乐区的布置中，教师根据教育目标，为幼儿营造一个轻松、活泼的音乐氛围，为幼儿创设音乐视觉环境。给幼儿留有一个适当的空间，投放合适的乐器、表演道具及所需材料，让幼儿在音乐区中，获得丰富的音乐体验，满足幼儿自我表现的需要，建构和谐的同伴关系，激励幼儿去探索发现，培养其创新意识、创新精神、创新理念，使幼儿的创造性情感与能力得到较好的发展。

根据幼儿年龄段的特点，选择幼儿喜欢的音乐符号或元素进行设计，如在音乐区的墙壁上、天花板上挂上卡通的音符，在地板铺上可操作的“琴键”图片，并提供适合幼儿主题活动的主题墙。

音乐区要布置出生活化、简单化、趣味化的特点，创设赏心悦目的视觉环境，帮助幼儿掌握必要的音乐技能。如果幼儿已有一定的唱歌基础和技能，教师就应该给幼儿一个创作的空间，给幼儿一个自我表现的机会，如打造一个色彩鲜明、富有童趣的小舞台供幼儿进行表演。

（一）布局

音乐区发出的声音比较大，适合安排在走廊、阳台等地方，或者设置装有隔音设备的功能室，避免干扰其他活动区的活动。在音乐区，幼儿经常会有对音乐情绪的表达和表演，因而空间要相对较大，而且地面不宜过于光滑，以免幼儿在跳跃和表演时摔倒。

（二）材料投放

音乐区需要提供幼儿表演的舞台和小巧的幼儿化妆台及各种动物样式的衣服、头饰、各种动物图片的节奏卡、各种根据歌词内容画的图片、入区卡、自制的乐器、动画 MTV 或磁带等，让幼儿能够自主地拿取，自由表现。

音乐区的材料投放，要由简单到复杂，如先投放一些幼儿容易敲击的乐器，手铃、响板、撞钟等。随着幼儿打击乐水平的提高，逐渐投放三角铁、双响筒、铃鼓等一些复杂的乐器，让幼儿更加灵活而逼真地表现音乐形象。还应增添绸带、纱巾及简单的舞蹈服装等，供幼儿自由表演，达到唱跳结合、动静交替的目的。

音乐区除了投放相关的打击乐器外，还可以投放、利用废旧玩具、纸盒、饮料瓶等自制的打击乐器；利用废旧材料等自制的表演服。

（三）设计图例

音乐区设计图要将主题内容转化为具体形象或抽象符号，画面色彩鲜艳、生动、有趣，用于营造音乐区情境，激发幼儿学习的热情，如图 4-17～图 4-20 所示。

图 4-17　“音乐区”设计图（一）

图 4-18　“音乐区”设计图（二）

图 4-19　“音乐区”设计图（三）

图 4-20　“音乐区”设计图（四）

（四）布置实例

音乐区可以运用诸多艺术元素来营造氛围，使幼儿能欣赏到优秀的音乐作品，而且还能大胆的参与表现、表达自己的情感，如图 4-21～图 4-27 所示。

图 4-21　音乐区布置实例（一）

注：利用阳台打造的音乐角，是一个给幼儿感受音乐的地方。将音乐欣赏融入幼儿的学习和生活，有助于稳定幼儿的情绪

图 4-22　音乐区布置实例（二）

注：音乐区内具有趣味性的墙饰和丰富的乐器，能激发幼儿对音乐、歌唱的兴趣

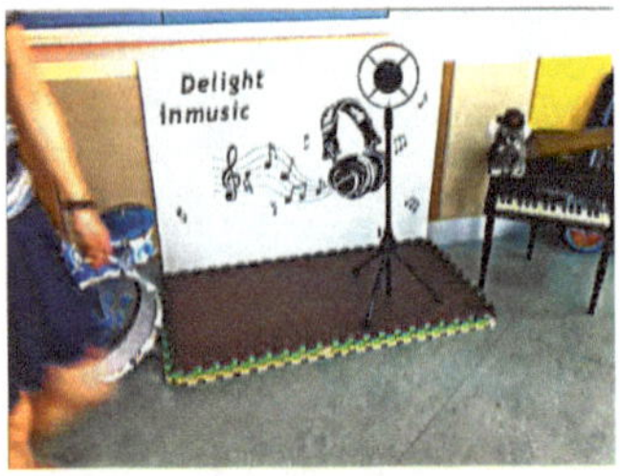

图 4-23　音乐区布置实例（三）

注：音乐区以“小小歌唱家”为主题的环境布置，把主题用最直接、最生动的方式展现出来

图 4-24　音乐区布置实例（四）

注：音乐区摆放各种各样的乐器和设备，这种多样化的选择方式可以让幼儿充分享受音乐的乐趣

图 4-25　音乐区布置实例（五）

注：运用多种材料打造的音乐区主题墙，独特的设计可以吸引幼儿的目光，唤起幼儿的注意，从而提高幼儿参与活动的兴趣

图 4-26　音乐区布置实例（六）

注：收集废旧物品、半成品材料和复合材料，制作音乐区活动中所需要的玩教具，如简单的打击乐器、舞蹈道具等，深受幼儿喜爱

图 4-27　音乐区布置实例（七）

注：音乐区摆放了各种小乐器供幼儿自由选择。乐器外形美观，色彩艳丽，能够激发幼儿探索的欲望

第二节　科学区与图书区的设计与布置

科学区是幼儿进行科学探索的活动区。探索的内容包括动植物、物理现象、化学现象等，通过观察和实验发现问题、提出问题和解决问题。幼儿园科学区的布置是幼儿科学教育活动的重要保证，也是幼儿园开展科学教育活动必不可少的铺垫环节。幼儿喜欢观察、操作物体，他们已有的认知能力和经验正是由于在操作过程中与环境发生相互作用，从而获得新知和经验，身心得到进一步发展。因此，应充分利用科学区，创设丰富的区角环境，促进幼儿的全面发展。

图书区是幼儿进行阅读的活动区。在这里，幼儿可以阅读图书，一起讨论图书的内容，以培养幼儿对画面和文字的理解能力，从小培养他们的阅读兴趣。幼儿期是阅读习惯培养的最佳时机，阅读区的开展对促进幼儿阅读能力的发展有着潜移默化的作用。

一、科学区布置

科学区的环境创设要在空间布置上进行合理分区。环境空间布置得当，不仅可以充分利用科学区的空间，而且可以使每个幼儿都能专注于自己的事情，不受外界的干扰。自然角环境的选择既要利于动植物的生长，又要便于幼儿的活动，动植物的摆放高度要有利于幼儿视觉观察，方便幼儿操作、记录。另外，科学区可以细分出资料区、工具区、实验区、制作区、游戏区、分享区等，便于幼儿自主学习。资料区可陈列一些便于幼儿翻阅的资料；工具区可提供一些常用工具；实验区宜放在光线充足、靠近水源的地方；制作区要便于幼儿利用各种材料开展制作活动；游戏区可供幼儿把玩各种隐含科学原理的材料；分享区是幼儿分享实验结果和经验心得的地方。这样的分类有利于体现科学区各种资源的条理性、系统性，也便于幼儿的自主管理。科学区也要保证一定的存储空间，以便存放暂时不用的材料。

为了进一步培养幼儿有目的、有顺序的观察，还可以在幼儿园里开辟小种植区，种植一些农作物，让幼儿长期、有序地观察，了解农作物的生长过程。

（一）布局

科学区应该位于安静和阳光充足的地方，有利于幼儿进行观察和探索，可以与图书区临近。自然角的活动以观察、体验为主，应设置在室内阳光充足的地方，可以利用教室的一角或窗台。

（二）材料投放

种植植物是自然科学角的主要活动内容，既可以美化环境、陶冶情操，也是幼儿十分喜爱的活动。自然角放置的植物以适宜盆栽的品种为主，不宜过分高大，宜选择颜色鲜艳、生命力强、具有较强观赏价值的常见植物，应该是无毒、无刺等不会对幼儿产生不良影响的品种。常见的盆栽植物有：吊兰、文竹、矮牵牛、菊花等。科学区的动物主要是作为幼儿进行观察的对象，通过活动培养幼儿观察的习惯，因此，应选择个体小、管理方便，而且便于幼儿观察的种类，如小型的水族箱、昆虫世界等。比较适合自然角饲养的动物有：金鱼、家蝉、小蝌蚪等。

科学区还应为幼儿提供丰富的物质材料，如光学、电学、力学材料和磁性材料等，常用的有各种透镜、平面镜、放大镜、万花筒、磁铁等，保证幼儿能够自由、独立地选择各种材料进行操作活动。还可以放置一些购买来的科学玩具，也可以使用教师自制或幼儿制作的科学玩具等。

（三）设计图例

科学区的设计图色彩要强烈、醒目，图形要简练清晰。图案多以科学发现和科学探索为主，用趣味和夸张的手法表现出来，激发幼儿对科学的兴趣，如图4-28～图4-31所示。

图 4-28 “科学区”设计图（一）

图 4-29 “科学区”设计图（二）

图 4-30　“科学区”设计图（三）

图 4-31　“科学区”设计图（四）

（四）布置实例

科学区的布置要考虑到幼儿的年龄特点，同时体现出地方性、季节性等特征。自然角主要让幼儿了解自然世界的奥秘，帮助他们建立对自然科学的兴趣。科学发现区主要是为了满足幼儿旺盛的求知欲，为他们提供一个探索的天地，如图 4-32～图 4-41 所示。

图 4-32　科学区布置实例（一）

注：自然科学区放置的植物以适宜盆栽的品种为主。摆放的位置高低错落，便于幼儿观察和体验

图 4-33　科学区布置实例（二）

注：种植植物是自然科学区的主要内容，既可以美化环境、陶冶情操，又可以培养幼儿的观察力

图 4-34　科学区布置实例（三）

注：科学区里提供了可供幼儿观察比较、分类和概括的用品与设备

图 4-35　科学区布置实例（四）

注：自然角的环境选择紧邻窗户的地方，既有利于动植物的生长，又方便观察

图 4-36　科学区布置实例（五）

注：把地球仪放在科学区，让幼儿在自由活动时观察、互相交流

图 4-37　科学区布置实例（六）

注：卡通风格的科学区标牌能够引起幼儿的关注和兴趣

图 4-38　科学区布置实例（七）

注：科学区的“木书”打破常规设计，圆形的外观让人耳目一新。通过这些资料，幼儿了解了科学常识，感受科学带来的乐趣，从而展开想象的翅膀，萌发探索的兴趣

图 4-39　科学区布置实例（八）

注：木质的矮桌，高度适合幼儿操作。粉色的墙壁柔和静谧，让幼儿醉心于科学探索

图 4-40　科学区布置实例（九）

注：在科学区设计了“这是什么做的”观察台，投放了各种食物的样品和来源照片，引发幼儿自主学习的兴趣

图 4-41　科学区布置实例（十）

注：木架上摆放了各种盆栽，布置成一个生机盎然的小植物园

二、图书区布置

图书区是培养幼儿由动到静、精神专注的地方，相对于好动的孩子来说更需要一个合适的环境来促使其情绪稳定，并培养出幼儿的阅读兴趣。从心理学角度来说，较为柔和的冷色调可使好动的孩子平静下来，浅蓝色和黄绿色较为合适。

图书区的环境应该是温馨舒适的，可以放几个靠枕让幼儿放松的阅读；可以设置一张大圆桌或沙发，也可以铺上地毯，让幼儿坐在地毯上进行阅读；还可以设计、装饰一些幼儿喜欢的情境，如小木屋，幼儿可以钻进去看书，或者创设一个森林的情境，用小树桩作椅子，耳边播放一些鸟鸣、虫声的音效；还可以给幼儿创设一个私密的空间，在里面幼儿能和同伴说悄悄话。

图书区还可以开设图书制作的区域，在这里为幼儿开辟出自己制作图书的空间，使他们参与其中，不仅喜欢上了书籍，更锻炼了自己的动手操作能力。让幼儿自己绘制一些有故事情节的图画故事，最后装订成册，不仅可以形成连贯性的阅读习惯，还能增加幼儿动手、动脑的绘画能力。有条件的幼儿园，还可以在图书区角开设照片故事墙，让幼儿根据已有的照片组合成自己喜欢的故事形式，将照片放置在一起，自由排列组合，组合成图书式的故事照片集；还可以提供一些简单的故事背景，让幼儿根据这些背景自行安排情节绘画。这些都是图书区布置的很好方式，对区角的功能开发起到了典范作用。

（一）布局

理想的图书区应该具备四个基本条件：安静、光线充足、在幼儿视线范围内和适宜的空间。在音乐区、“娃娃家”等比较嘈杂的区域附近不适合设置图书区，而在益智或美工区等相对安静的区域旁边，并且靠近窗户、采光好的室内一角适合作为图书区。

在图书的布局上可以按标记进行分类，制作一些幼儿极易辨识的书签与书卡，将书卡根据不同的内容放置在图书中，使幼儿根据标识很快地找到自己想要的图书种类；可以按时间进行分类，根据出版时间的不同在图书上标明，利于幼儿自己根据时间去找寻书籍；还可以根据系列分类，如幼儿系列绘本，可根据开本大小、故事情节等分类，让幼儿很快地找到自己喜欢的图书。

图书区在布局时，还要考虑与其他区域的配合，达到更好的空间美感。例如，与美工区结合，幼儿在美工区活动中经常遇到手工操作步骤不明确的问题，此时教师可以根据幼儿的问题在图书区找到相应的书本，并告知幼儿如何自己查找资料，学会自己解决问题的方法。

（二）材料投放

图书区要有一定数量的、适合幼儿认知特点与水平的各类图书，包括优秀的儿童绘本，小、中班的幼儿读物应该以图画为主，大班的幼儿读物可以加上适量的文字，培养他们对文字的感觉。

（三）设计图例

图书区的主题是阅读，设计图要以展现快乐阅读、温馨平和的风格为主，来营造安静、舒适的阅读气氛，如图 4-42～图 4-45 所示。

图 4-42　“图书区”设计图（一）

图 4-43　“图书区”设计图（二）

图 4-44　“图书区”设计图（三）

图 4-45　“图书区”设计图（四）

（四）布置实例

让孩子爱上阅读最重要的方式之一是在幼儿园布置一个温馨的阅读区域。除了常规的书架外，图书区可以尝试设计一些别致的图书展示方式，让孩子们可以很容易取到书，一眼就能看到书的封面，从而养成随手取书看的好习惯。因为对于孩子们而言，可见的书，可以看的封面会激起他们阅读的欲望，如图 4-46～图 4-57 所示。

图 4-46　图书区布置实例（一）

注：巨大的笔排列成行能吸引幼儿的注意，也能感染并激发幼儿读书的兴趣

图 4-47　图书区布置实例（二）

注：书吧的标牌颜色和谐美观，仿佛美丽的卡通娃娃为幼儿带来了丰富多彩的图书

图 4-48　图书区布置实例（三）

注：干净整洁的图书阅读区，采用透明质地的纱帘隔断，这样不会遮光，也便于教师观察区域的情况

图 4-49　图书区布置实例（四）

注：家居风格的图书区布置，使幼儿对环境产生安全感和舒适感

图 4-50　图书区布置实例（五）

注：图书区与益智区相邻，背景墙布置内容丰富，书橱、矮柜便于幼儿取放图书

图 4-51　图书区布置实例（六）

注：利用布玩具和绿色装饰物营造出在大自然里看书的感觉

图 4-52　图书区布置实例（七）

注：温馨舒适的图书角，质地柔软的座椅与恬淡的色彩，让幼儿的身体与心灵一起放松，遨游在书的海洋

图 4-53　图书区布置实例（八）

注：用帷幔巧妙地将图书区与外部空间分隔开，增添了美感

图 4-54　图书区布置实例（十）

注：图书区与自然角很好地结合，使空间不单调。绿色有镇静神经、降低眼压、缓解眼疲劳的作用，在图书区适当添加一些绿色植物有利于幼儿集中注意力，提高阅读效率，消除疲劳

图 4-55　图书区布置实例（十）

注：图书区与“娃娃家”相邻，可以充当“娃娃家”游戏的一个情景环境，也可以阅读，一举两得

图 4-56　图书区布置实例（十）

注：安静明亮的图书区可以保护幼儿的视力，便于培养幼儿良好的阅读习惯

图 4-57　图书区布置实例（十）

注：阅读角的书架将最新出版的绘本展示出来，供幼儿们欣赏

第三节　建构区与益智区的设计与布置

建构区是让幼儿操作积木等的活动区。在这里，幼儿可以利用积木自由地进行建构和组合。建构区的创设一方面要投放各种色彩鲜明、富于变化的材料吸引幼儿，激发幼儿对建构的兴趣。另一方面又要注意幼儿在玩的过程中可以达到一定的要求，增加一定的能力，学会一定的技能，发展幼儿的空间感觉；促进幼儿与他人合作能力的发展；促进幼儿表达能力的发展。

益智区是指可供幼儿活动操作，着力于幼儿在动手动脑中获得知识，开发智力的活动区角。根据不同年龄阶段幼儿的认知特点，选择幼儿喜欢的益智游戏，也可为幼儿提供、补充一些他们喜爱的益智玩具，最大限度地开发幼儿的智力，发展幼儿的思维能力、创造潜能，锻炼幼儿手部小肌肉群的活动能力。

一、建构区布置

在建构区里，建构主题要多种多样。建构区的墙上可粘贴各种搭建的图片，还可粘贴孩子模拟建筑的作品照片和幼儿自己设计的搭建布局图，丰富幼儿的经验，便于他们学习和创造；建构区的地面可用红、黄、蓝等色彩鲜明的泡沫地垫铺设；建构区还要有标志吊牌，可用大积木、木板或纸板、塑料箱子来做隔墙；建构区宜选用多层多格的储物柜。

建构区内除了投放充足的材料和玩具之外，活动面积也需要满足一定数量的幼儿同时活动。可以考虑在地面铺设地毯，给幼儿构建一个比较舒适的环境，同时可以减少因搭建材料而造成的声响，避免给其他区域带来干扰。建构区要提供各种材料，不仅种类要丰富，而且这些材料的实际大小、数量都要能够保证幼儿在建构时的需求。

（一）布局

建构区的位置应该远离安静的活动区，并需要较大的空间，可以与角色扮演区临近。建构区可规划为单元积木区、拼插积木区和辅助制作区，同时增加一定的规则暗示，如在距离积木框摆放处 20 厘米的地方贴上即时贴。单元积木区是大多数幼儿喜欢的区域，而辅助制作区只为满足个别幼儿在建构中的需要。因此，应对各区域空间大小进行合理分配。

（二）材料投放

建构区所投放的材料要丰富多样，有木头积木、塑料积木、纸砖、废旧纸盒及一些幼儿自制的辅助材料等；建构区的材料可以按照形状、大小、材料性质等进行分类放置，并贴上不同形状的标记；建构区的材料应放置在幼儿容易看到和拿取的地方；建构区还需投放一些建筑图片，如天安门、中心公园、飞机场等，供幼儿参照。

（三）设计图例

建构区设计图要突出搭建的主题，画面中要有积木，或者目前比较流行的乐高玩具，让幼儿一看到这个画面就联想到好玩、有趣的搭建活动，达到引发兴趣的目的，如图 4-58～图 4-61 所示。

图 4-58　“建构区”设计图（一）

图 4-59　“建构区”设计图（二）

图 4-60　“建构区”设计图（三）

图 4-61　“建构区”设计图（四）

（四）布置实例

建构区要根据幼儿的年龄特征，有针对性地投放不同的材料，满足不同年龄段幼儿的建构需要。建构区提供成品材料有各种形状的大型积木、中型积木和小型积木若干。辅助材料有木板、大小不等的箱子、绳子、小车模型、建筑模型、建筑图片、测量工具、交通标志等立体摆件（图 4-62～图 4-71）。

图 4-62　建构区布置实例（一）

注：建构区玩具的数量和场地大小成正比。通过建筑照片，让幼儿直观地了解建构区的特点。建构区的材料分类摆放整齐，天棚的吊饰美化了区角的空间，整体布局能给幼儿留下深刻的印象

图 4-63　建构区布置实例（二）

注：建构区将大型的材料归类堆放，并贴上不同形状的标记。运用纸盒来收纳积木，潜移默化地培养幼儿的环保意识

图 4-64　建构区布置实例（三）

注：建构区放置五颜六色的大块积木，会让幼儿通过视觉感受形成丰富的联想，充分发挥幼儿的想象力

图 4-65　建构区布置实例（四）

注：建构区内漂亮的地毯增添了艺术感，色彩鲜艳的积木，给幼儿带来了搭建的乐趣

图 4-66　建构区布置实例（五）

注：提供多样性的建构材料来满足幼儿自主的发展需求。为防止东西乱放，在建构区里放置收纳箱

图 4-67　建构区布置实例（六）

注：建构区的吊牌是利用棉绳等综合材料制作而成的。吊牌上儿童的画作，纯真典雅，与一旁的吊饰风格和谐统一

图 4-68　建构区布置实例（七）

注：建构区背景墙的装饰采用了设计感很强的不规则图形，美观而醒目

图 4-69　建构区布置实例（八）

注：建构区的地面用泡沫地垫铺设，可以减少因搭建材料而造成的声响。材料用盒子分类存放，便于幼儿分类归纳和拿取

图 4-70　建构区布置实例（九）

注：建构区除了木制积木，还投放了许多废旧材料，能激发幼儿的创作欲望

图 4-71　建构区布置实例（十）

注：墙面装饰有漂亮的房子，幼儿在看到这个画面后，便会想到住进这个房子里一定很好玩，从而对建构活动产生兴趣

二、益智区布置

益智区是开发幼儿智力、激发幼儿动脑动手能力的区域。益智区布置要温馨自然，专注于开发孩子的智力，可以悬挂一些自然物做的吊饰来营造一种简单温馨的格调；墙壁适合清新的绿色调或彩绘的卡通造型；益智区的游戏主要是桌面上的小型游戏，所以要设有满足多个幼儿操作的桌椅。

（一）布局

益智区应该设置在较安静的地方，远离角色扮演区、音乐区等声音较大的活动区，使幼儿可以在安静的环境中思考问题。如果班级的空间较大、玩具较多，可以分设益智玩具区和结构玩具区。

（二）材料投放

在投放益智区玩具时，要根据幼儿的年龄特点和认知发展水平，提供不同难度的玩具。益智区的材料主要由以下几类构成：①教师设计的结构化材料；②数学材料，如计算器、排序板、分类盒、数学棒、尺子、笔等工具；③棋类材料包括飞行棋、跳棋、象棋、围棋等；④扑克牌等牌类材料；⑤一定数量的迷你形象玩具（如相同的水果、蔬菜、昆虫、人物、动物等）。玩具的投放要有计划、有目的进行，不要一下子都投放进去，应分期、分批地更新，由易到难，不断激发幼儿主动参与活动的兴趣，使他们有新鲜感和成就感。益智区的材料要归类摆放，贴上标签，做上图示标记。

（三）设计图例

益智区多以幼儿最熟悉的玩具或游戏来设计图画，如拼图游戏、棋类游戏、魔方玩具等，又或是用象征着智慧、聪明的小动物形象作为设计原形，如图 4-72～图 4-75 所示。

图 4-72　“益智区”设计图（一）

图 4-73　“益智区”设计图（二）

图 4-74　“益智区”设计图（三）

图 4-75　“益智区”设计图（四）

（四）布置实例

益智区可选在活动室、寝室的一角。材料的准备要适合幼儿的思维特点和实际水平，可依据不同的活动内容分类准备材料，如操作类材料，可以有拼图、动植物图片、穿珠、接龙卡片（数字、图形）等，如图 4-76～图 4-83 所示。

图 4-76　益智区布置实例（一）

注：益智区与美工区之间，用珠链作为区域分界线，保证了教师在活动室的任何一个角度都可以看见幼儿在活动区的活动情况，以便有需要时能够及时给予帮助

图 4-77　益智区布置实例（二）

注：开放式的益智活动区，由矮柜分出两个区域，进行不同的游戏操作，整体风格清新素雅

图 4-78　益智区布置实例（三）

注：益智区用小矮桌方便幼儿取物与操作，整体布置简洁规整、颜色统一

图 4-79　益智区布置实例（四）

注：益智区整体布局紧凑，两边的矮柜放了多个不同颜色的收纳盒，充分考虑到幼儿的拿取

图 4-80　益智区布置实例（五）

注：玩具角用了梯式收纳，美观的同时兼具实用性，还节省了空间

图 4-81　益智区布置实例（六）

注：益智区摆放了多种多样的游戏材料，便于幼儿自由观察。幼儿可以按照意愿选择自己喜欢的材料进行活动

图 4-82　益智区布置实例（七）

注：选用多格的柜子将材料分类摆放，柜子的高度适合幼儿观察

图 4-83　益智区布置实例（八）

注：较大空间的益智区，巧妙地用置物架划分为多个小区域。幼儿可以在其中分组活动，避免互相干扰

第四节　角色区与表演区的设计与布置

角色区是让幼儿进行角色扮演游戏的活动区，角色区包括“餐厅”“超市”“医院”“娃娃家”等。角色区的场景都是幼儿日常生活的内容。幼儿可以在各种模拟的情境中，按照他们对周围世界的认识和理解来扮演各种角色，诠释各种行为。它给幼儿提供了一个与他人相处、表达情感和思想、运用语言交流对角色的认识及对别人的需求和要求做出反应的机会，帮助幼儿正确认识自己和他人，养成对他人、社会亲近，主动合作的态度，学习体验初步的人际交往技能。

表演区是幼儿园专为幼儿开展表演游戏所创设的活动空间。它既是幼儿进行创造性活动的有效途径，也是幼儿表现自我、发展自我、挑战自我的平台，对于培养幼儿的创造性思维有着积极的作用。孩子们在表演区可以充分发挥自己的想象，并努力去营造快乐的氛围，与同伴交往并获得快乐体验。

一、角色区的布置

“娃娃家”是角色区的中心主题，并由此扩展出以反映社会生活为主题的活动，如“餐厅”“超市”“医院”“邮局”“工厂”“图书馆”等。小班的角色区以家庭生活为主；到了中班，角色区就出现了以反映社会生活为主的活动；大班的角色区则更加丰富。因此，可以根据班级的空间情况，确定活动的小主题，并随着幼儿年龄增长，针对整体教育目标，进行定期调整。

以家庭活动为基础的“娃娃家”主要是用来引导幼儿模拟自己与亲人日常活动的区域，通过游戏，抒发幼儿的情感和内心对生活的愿望。但“娃娃家”的布置也不能千篇一律，应根据当地生活水平、习俗等实际情况提供模仿各种角色关系的场景。例如，超市的布置，需准备所需的道具，如超市的“货柜”，教师可根据幼儿日常生活中常接触的“商品”，创设幼儿熟悉的“柜台”，如“玩具柜”“食杂柜”等。为增进“商品流通”，可以把“商店”的“商品”与其他区角活动的材料联系起来；在布置医院这一区域时，教师不妨与幼儿一同准备各部门（“挂号处”“收费处”“药房”“注射室”“诊室”等）的标志。医院的玩具种类繁多，可将那些购买的、师生自制的、幼儿收集的玩具分类陈列。

角色区可设计一些隔断，并用材料围起来，以确定本区的活动范围，然后在这一区域范围内，采用多种装饰材料，创设与角色扮演相适宜的氛围。在“娃娃家”布置中，“厨房”摆放“饮具”，“卧室”里放置“家具”，再挂上一张反映家庭生活或合家欢的图片，还可以铺上一块地毯，使“家”变得更加舒适温馨。“娃娃家”所投放的玩具与道具，应是幼儿在家常见的东西，如摇篮、布娃娃及日用品等。此外，还需准备一些反映角色特征的服饰、道具或小标志，使角色更加形象逼真，也使扮演者牢记自己的身份和职责。除了“娃娃家”，还应考虑到幼儿的年龄特点和性别差异，为幼儿提供模仿各行各业角色的条件，布置体验各种角色关系的场景、服装和道具。

（一）布局

角色区在班级的区域布局中应该安排一块较大的范围。幼儿进行角色游戏时，常会走来走去、大声交谈，发出的声响较大，因而角色区应远离比较安静的图书区、益智区。区域隔断可专门设计、制作一些多功能的趣味化家具，也可用一些普通家具、低隔板、矮架子及各种纸箱等围起来以确定本区的活动范围。“娃娃家”的布置应贴近家庭并充满童趣。在场地布局上，最好用小屏风将娃娃家分隔成“厨房”和“卧室”，以便活动的开展。

（二）材料投放

应针对不同年龄段幼儿的游戏特点，根据实际需要投放不同的玩具材料，以促进游戏的发展。

小班幼儿的角色游戏直接依赖于玩具材料，教师给小班幼儿准备的玩具材料，应该主要是形状相似的成型玩具，而且要种类少、数量多，以保证每个幼儿都能拿到玩具，避免为玩具发生争吵，影响游戏进行。中、大班幼儿的想象力更为丰富，主题更加多样化，因此，教师需要提供一些半成品及无污染的废旧材料，以满足和促进他们想象力和创造力的发展。

角色区“娃娃家”的材料一般有家具，如床、小型桌椅等；娃娃、娃娃用品，如各式服装、奶瓶、各种饰物、梳子、毛巾等；“家用电器”，如“电视机”“电冰箱”“钟表”“电话”等；厨房用具，如“炉具”“锅”“碗”“勺”“壶”“杯子”等；各种食物，如蔬菜、水果等。“小医院”主要材料有白大褂、医生帽、护士帽、“处方单”“病历本”“听诊器”“体温表”、药箱、药瓶、无针头注射器等。“小超市”主要材料有各种食品、用品的包装盒，价格标签，“收银机”，仿真钞票，购物架，购物篮等。

（三）设计图例

“娃娃家”的设计图通常表现的是和家庭生活有关的人和事物，如“一家人”“做饭”等。这些是和幼儿生活最贴近的、最熟悉的事物，他们一看到图画就知道这个区域是“娃娃家”。又如，孩子印象最深的是看病的情景和救护车的形象，用可爱、微笑的人物形象来体现医生，能使幼儿减少看病时的恐惧，并乐于加入角色扮演游戏中来，如图 4-84～图 4-89 所示。

图 4-84　“娃娃家”设计图（一）

图 4-85　“娃娃家”设计图（二）

图 4-86　“娃娃家”设计图（三）

图 4-87　“娃娃家”设计图（四）

图 4-88　“娃娃家”设计图（五）

图 4-89　“娃娃家”设计图（六）

（四）布置实例

“娃娃家”要尽可能布置得温馨一些，色彩不必太多，关键是要舒适、柔和，有家的感觉。

“超市”中除了有一定的场景，还要准备一些仿真的材料，以便幼儿利用这些场景和材料进行不同角色的创造性游戏。超市里的“货源”可由幼儿教师收集、制作，也可以用来自美工区中幼儿自制的各种“产品”。

“医院”的主要材料有常见的医疗器械和药品等（图 4-90～图 4-105）。

图 4-90　角色区布置实例（一）

注：“娃娃家”提供了丰富的操作材料，让幼儿尽情地玩耍

图 4-91　角色区布置实例（二）

注：“娃娃家”设置在楼梯下面，充分合理地提高空间利用率

图 4-92　角色区布置实例（三）

注：营造了一个温馨的家居环境，投放的材料观赏性和实用性都很强

图 4-93　角色区布置实例（四）

注：甜美的“娃娃家”设计，以粉色为主色调。纱幔是“公主房”一个重要的装饰物

图 4-94　角色区布置实例（五）

注：在“娃娃家”里投放了不同性别、职业的服装和道具，供幼儿进行角色扮演，提高对游戏的兴趣

图 4-95　角色区布置实例（六）

注：“娃娃家”中放置了小床、人偶、梳妆台等不同道具，可供多名幼儿进行角色扮演游戏

图 4-96　角色区布置实例（七）

注：利用旧物改造成玩具投放到“娃娃家”，让幼儿学会从生活中发现美，学会变废为宝

图 4-97　角色区布置实例（八）

注：教师用了纸和布材料来装饰“娃娃家”，美观、实用、环保。粉色与蓝色的结合给幼儿温馨、舒适的感觉

图 4-98 角色区布置实例（九）

注：POP 手绘标牌，制作起来简单方便

图 4-99 角色区布置实例（十）

注：小超市投放的都是幼儿日常熟悉的，能引发幼儿好奇心和主动探究的材料

图 4-100 角色区布置实例（十一）

注：将生活中的化妆品瓶、奶粉罐、药瓶收集来，清洗干净，放在购物架上充当出售的“商品”，具有真实感，能激起幼儿的游戏兴趣

图 4-101 角色区布置实例（十二）

注：将超市中的材料归类摆放，贴上标签，这样便于幼儿的取用和整理

图 4-102 角色区布置实例（十三）

注：蓝色符合医院的情景，有助于幼儿情绪的稳定。游戏空间设计可同时容纳多名幼儿进行角色扮演

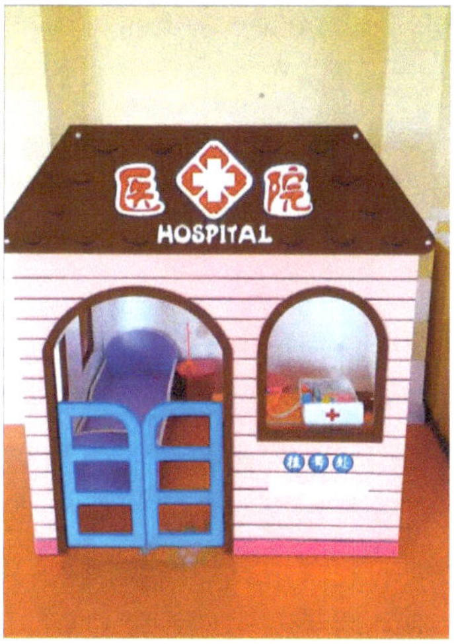

图 4-103 角色区布置实例（十四）

注：小医院的设计美观精致，内部设施齐全

图 4-104　角色区布置实例（十五）

注：“小医院”设计了候诊区、病床，各种医疗器械一应俱全，幼儿可以尽情地在这里玩角色扮演游戏

图 4-105　角色区布置实例（十六）

注：活动区设置了“爱心医院”小窗口，使用听诊器能让幼儿更接近真实体验

二、表演区布置

表演区在提供足够的活动空间与场地的同时，应布置一个小舞台，会更加吸引幼儿的参与。小舞台用绒布、彩纸等材料来进行装饰就可以。用布料布置小舞台时，可将彩绸布、紫绒布、窗纱布等用平面或皱折设计出不同形状、样式来进行装饰。还可以布置成屏风式的小舞台，活动时打开，不用时可折叠起来。也可以设计电视屏幕式的立体小舞台，用大的纸箱制作成电视屏幕，放在桌子或架子上，幼儿站在后面，如同在电视里进行表演。

（一）布局

表演区的空间布局需要灵活。例如，在进行表演活动时，应允许幼儿根据需要，重新布置表演场地或改变材料摆放的位置，可以用屏风作为隔断方便移动，根据所表演活动的需要改变表演空间。

在设置表演区空间时，旁边也可以是可推动的组合柜，组合柜中可以放置一些可移动的表演道具，如表演服装等，供幼儿自由取放，既保证了表演区的美观，又很好地利用了有限的表演空间。

（二）材料投放

“有材料陪伴”的表演区是幼儿所喜爱的，材料的适宜性直接影响着幼儿在表演区活动的成效。进入表演区的孩子表演能力是各不相同的，因此要提供丰富的、合适的、可进行表演的材料，供幼儿自主选择。让各种能力的幼儿都可以选择自己感兴趣的、适合其表演水平的表演材料。

歌舞表演提供的材料有：音乐磁带、节目单、鞋帽、衣裙、头饰、麦克风、花束、纱巾等。音乐是歌舞表演成功的关键，为幼儿提供的乐曲，应是幼儿熟悉的、悦耳动听的歌曲，磁带可有范唱带、伴奏带，还可以准备空白磁带供录音用。

幼儿表演的时装可以是自己身上穿的，也可是自制的。教师可以创造性地利用挂历纸、包装纸、报纸等自制“时装”。幼儿穿上这些富有特色的服装即兴表演，会有一种愉悦感和新鲜感。

另外，表演区还可以进行偶剧表演，除投放购买的木偶外，教师还可自制各种玩偶，如瓶子偶、毛线偶、信封偶等。

（三）设计图例

表演区为了烘托热闹的气氛，展现舞台的魅力，设计图样通常选用多角色的人物或动物一起欢歌、一起表演的情景，体现欢乐、喜悦、美好的区域特点，如图 4-106～图 4-109 所示。

图 4-106　“表演区”设计图（一）

图 4-107　“表演区”设计图（二）

图 4-108　“表演区”设计图（三）

图 4-109　“表演区”设计图（四）

（四）布置实例

表演区的布置要做到动态与静态的结合；要做到环境美与教育美的结合；要做到合理性和有效性的结合，使表演区活动真正发挥出教育实效，成为幼儿真心喜欢、有益身心健康的活动天地，如图 4-110～图 4-114 所示。

图 4-110　表演区布置实例（一）

注：表演区布置得美观、和谐。相信在这里幼儿的表演将更加投入，更富激情

图 4-111　表演区布置实例（二）

注：表演区的墙面设计成一个“纸偶剧场”

图 4-112　表演区布置实例（三）

注：表演区配有小朋友进行服装表演和才艺展示所需的各种服装

图 4-113　表演区布置实例（四）

注：表演区提供专用的收纳篮，方便幼儿分类收放及拿取

图 4-114　表演区布置实例（五）

注：表演区的活动空间很大，用具有异域风情的图案装饰墙面

优秀作品欣赏

优秀作品如图 4-115～图 4-147 所示。

1. 美工区与音乐区布置欣赏

如图 4-115～图 4-120 所示。

图 4-115　“美工区”标牌

图 4-116　“美工区”一角

图 4-117　“美工区”环境布置（一）

图 4-118　“美工区”环境布置（二）

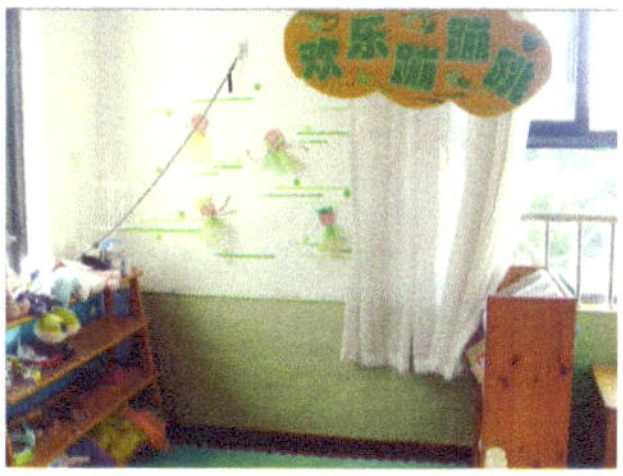

图 4-119　“音乐区”环境布置

图 4-120　“音乐区”投放的材料

2. 科学区与图书区布置欣赏

如图 4-121～图 4-128 所示。

图 4-121　“科学区”一角（一）

图 4-122　“科学区”一角（二）

图 4-123　“自然角”环境布置

图 4-124　“图书区”一角

图 4-125　“图书区”环境布置（一）

图 4-126　“图书区”环境布置（二）

图 4-127　“图书区”标牌（一）

图 4-128　“图书区”标牌（二）

3. 建构区与益智区布置欣赏

如图 4-129～图 4-138。

图 4-129　“建构区”环境布置（一）

图 4-130　“建构区”环境布置（二）

图 4-131　“建构区”环境布置（三）

图 4-132　“建构区”一角

图 4-133　“建构区”标牌

图 4-134　“益智区”标牌（一）

图 4-135　“益智区”标牌（二）

图 4-136　“益智区”一角

图 4-137　“益智区”环境布置（一）

图 4-138　“益智区”环境布置（二）

4. 角色区布置欣赏

如图 4-139～图 4-147 所示。

图 4-139　“小军营”环境布置

图 4-140　“小小面食屋”环境布置

图 4-141　“角色区”环境布置

图 4-142　“小 T 台”环境布置

图 4-143　“角色区”自制玩教具

图 4-144　“娃娃家”一角

图 4-145　“娃娃家”环境布置（一）

图 4-146　“娃娃家”环境布置（二）

图 4-147　“小舞台”环境布置

课后思考与练习

1. 搜集优秀的幼儿园区角布置作品图片，与大家分享。

2. 分别设计适合大、中、小班的区角布置方案，要求列出投放材料清单，注明设计构思，适用材料及制作方法。

3. 自选教育活动主题，设计某一区角环境。

第五章　幼儿园公共活动区域的布置

教学建议

1. 了解幼儿园公共活动区域布置的意义。

2. 掌握幼儿园廊厅、休息室、盥洗室、储物区、门窗等公共区域环境的设计、布置与装饰方法。

3. 了解幼儿园吊饰的布置区域，重点掌握幼儿园吊饰的设计与制作方法。

4. 学会运用各种材料进行幼儿园公共活动区域的环境创设。

幼儿园公共活动区域既是一个有准备的、丰富的、精心设计的、有序的环境，又是一个开放的、变化的、有多种探索发现机会的环境。为了弥补班级游戏区域创设空间的限制，实现资源共享，利用走廊、角落、门厅、楼梯等区域的创设来支持幼儿各个领域的延伸活动。在这里，地面、墙面、顶棚、门窗等被充分利用，环境布置的材料、设备等蕴含的教育因素充分发挥作用，儿童获得充分活动空间的同时，也获得了有益于身心发展的经验。

第一节　廊厅的设计与布置

廊厅是幼儿园中可以综合利用、巧妙运用的场所，尤其是活动室空间不大的时候，在物质环境的设计与布置当中，廊厅充分的利用可以极大地扩大幼儿的活动空间。幼儿园廊厅公共环境主要包括门厅、走廊及楼梯等，是连接幼儿园各区域及房间的重要功能空间，是幼儿园中有利于管理和方便幼儿活动的不可缺少的部分。

一、走廊与立柱的设计与布置

走廊不仅是对外宣传的窗口，也是室内环境的重要通道，走廊的设计要考虑到幼儿园园所整体面貌的设计，也要顾及本班教育活动的需要。走廊宽度一般在1.5米以上，但不宜大于2.4米，如果幼儿园的走廊比较宽敞，在不影响通道功能的前提下，可以在走廊的一边或两边由各班进行创设。当走廊仅作为通道时，也应在墙面上装饰一些适合幼儿认知且富有童趣的图案，或者是家园联系方面的内容。走廊的墙面及立柱是常被设计与利用的区域，同样肩负着教育的功能，如

图 5-1～图 5-3 所示。

图 5-1 走廊布置（一）

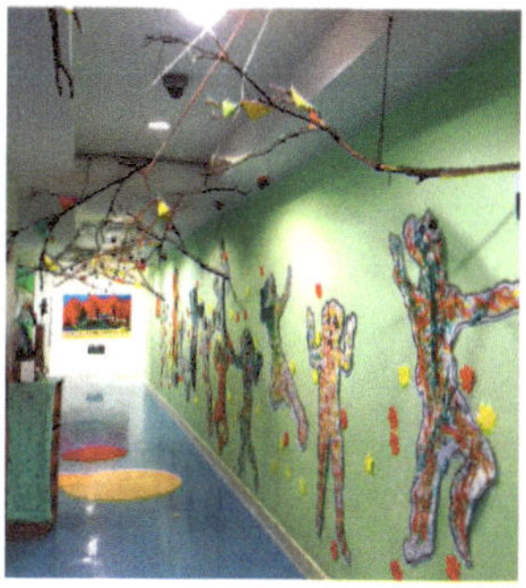

图 5-2 走廊布置（二）

图 5-3 立柱布置

（一）走廊墙面设计图例

在走廊墙面的布置上，特别要注意让环境与幼儿对话，同时也要引导家长参与，让走廊环境与幼儿、家长积极互动起来。墙面可设计成宣传栏、家长园地、作品栏等。家长园地是教师与家长之间沟通联系的园地，是联系幼儿与家庭的一座桥梁。教师通过家长园地让家长了解孩子每天在幼儿园的活动安排，知道一些简单的育儿知识，了解孩子在幼儿园的表现。家长也可以把自己的意见、见解和要求，通过信箱传递给教师，共同为教育好幼儿做出努力。开辟幼儿园宣传栏、健康知识宣传栏，通过宣传栏向家长宣传幼儿教育、卫生保健知识，增强宣传力度，达到家园共育的效果，如图 5-4～图 5-11 所示。

图 5-4 宣传栏设计图（一）

图 5-5 宣传栏设计图（二）

图 5-6 作品栏设计图（一）

图 5-7 作品栏设计图（二）

图 5-8 作品栏设计图（三）

图 5-9 作品栏设计图（四）

图 5-10 家园共育栏设计图（一）

图 5-11 家园共育栏设计图（二）

（二）走廊墙面布置实例

走廊墙面布置的方法：办公区域的走廊墙面可以用纯粹的图案进行装饰，也可结合各种宣传栏来发挥走廊墙面的多种功能。班级区域的走廊墙面可以根据一个主题活动来布置；也可利用幼儿的作品来进行布置；还可以让幼儿自己收集一些科普资料，打印后布置到墙面；教师也可让幼儿一起参与，一起粘贴、创设走廊的墙面环境。这样的创设不仅能让家长看到幼儿园的教学情况，也能让幼儿知道爱护自己和别人的劳动成果，体会到成就感，如图 5-12～图 5-19 所示。

图 5-12 走廊整体规划（一）

图 5-13 走廊整体规划（二）

图 5-14 办公区域走廊布置

图 5-15　用纯粹图案设计的墙面

图 5-16　根据主题活动设计的墙面

图 5-17　家长园地栏

图 5-18　“梦想之城”主题活动栏

图 5-19　幼儿作品栏

（三）立柱设计图例

幼儿园廊厅中的立柱也可以作为设计的对象，进行装饰与美化，可以有意无意地传达给孩子一些艺术信息，提升幼儿的艺术美感，如图 5-20～图 5-24 所示。

图 5-20　立柱设计图（一）

图 5-21　立柱设计图（二）

图 5-22　立柱设计图（三）

图 5-23　立柱设计图（四）

图 5-24　立柱设计图（五）

（四）立柱布置实例

立柱布置的方法：立柱布置选取的图案可以是由几何形构成，也可以是动物、植物或一些传统图案。材料选择上可以尝试多种综合材料相配合的使用方法，整体色彩既要注意统一，又要强调变化，体现幼儿园特点。立柱装饰制作追求精细美观，它对园所文化起着点睛的作用，如图 5-25～图 5-28 所示。

图 5-25　立柱布置实例（一）

注：把立柱巧妙地变成身高墙

图 5-26　立柱布置实例（二）

注：用折纸造型进行装饰立柱，美化走廊环境

图 5-27　立柱布置实例（三）

注：把立柱装饰成一日时间表，变成功能墙

图 5-28　立柱布置实例（四）

注：用树枝、毛球、废旧水瓶等综合材料装饰立柱，美化公共活动区域环境

二、楼梯与角落的设计与布置

楼梯要设计合理，方便幼儿上下。每一台阶应低于 14 厘米，楼梯倾斜度应小于 30°。尽量把每一层楼梯分成 2～3 段，便于降低坡度，又增加幼儿上下楼梯的情趣。台阶表面要考虑防滑，每一台阶边缘要磨成半圆角，边上要设置栏杆，并在合适的位置加装供幼儿手拉的扶手杆。也可以将栏杆做成滑梯式，增加幼儿上下楼梯的乐趣。栏杆可木制，也可以用不锈钢或铁衣、木料相结合制作，如图 5-29、图 5-30 所示。

角落是指一些相对狭窄、不太容易引人注意的地方。在幼儿园里总是有很多的角角落落，而幼儿的天性是好奇的、喜欢探索的，他们眼睛所触及的每一处风景、每一个角落都应该是美的，在角落的布置上应着重体现出童趣，让幼儿喜欢，有愿意探索的愿望，如图 5-31、图 5-32 所示。

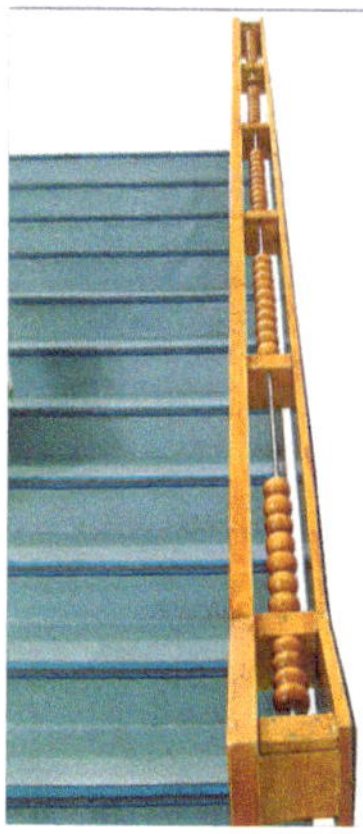

图 5-29　木制栏杆

图 5-30　铁制栏杆

图 5-31　廊厅里的角落

图 5-32　楼梯下面的角落

（一）楼梯设计布局图例

楼梯的设计和布置其实是很重要的，可以通过墙面、梯阶、扶手上的一些细节设计传达信息。楼梯的墙面设计图一般不需要太复杂，只要能传递给幼儿美感或一般常识性知识即可，如图 5-33～图 5-39 所示。

图 5-33　楼梯墙面设计（一）

图 5-34　楼梯墙面设计（二）

图 5-35　楼梯墙面设计（三）

图 5-36　楼梯墙面设计（四）

图 5-37　楼梯梯阶图案设计

图 5-38　楼梯右侧墙面设计

图 5-39　楼梯整体设计效果

（二）楼梯布置实例

楼梯的布置方法：墙面图案造型要富有童趣，色彩、风格要与周边环境相协调；梯阶上可以设计数字、颜色标记、字母、交通标识、汽车标志等教育信息。梯阶上的装饰图形不宜过多，过于花哨，内容应比较单一，这样可以避免因长时间驻足观看，发生拥挤，出现意外。楼梯拐角的大块面积可以用来展示幼儿作品或园所文化。楼梯垂直栏杆间的净距不应大于 11 厘米，其高度不应小于 60 厘米，可以在栏杆侧面进行装饰，如图 5-40～图 5-47 所示。

图 5-40　楼梯拐角墙面布置

图 5-41　楼梯墙面布置

图 5-42　楼梯栏杆布置（一）

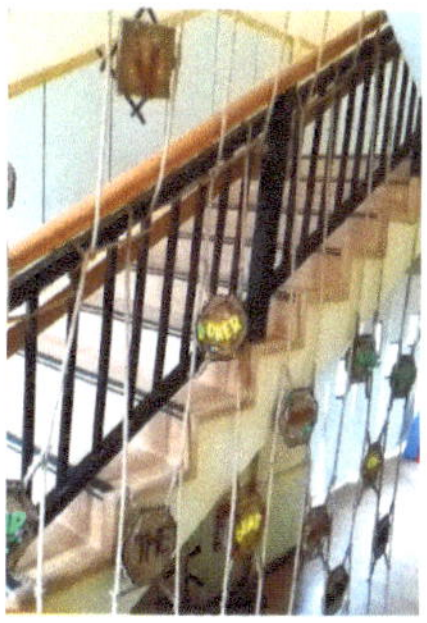
图 5-43　楼梯栏杆布置（二）

图 5-44　楼梯栏杆布置（三）

图 5-45　楼梯踏步台阶布置（一）

图 5-46　楼梯踏步台阶布置（二）

图 5-47　楼梯踏步台阶布置（三）

（三）角落设计图例

幼儿园的角落很多，如走廊拐角、楼梯拐角、楼梯下面的角落等，由于各角落形状的特殊，需要根据其特点进行巧妙的设计和利用，形成形式新颖的、供幼儿探索奥秘的新空间，如图 5-48～图 5-51 所示。

图 5-48　拐角墙面图案设计（一）

图 5-49　拐角墙面图案设计（二）

图 5-50　拐角墙面图案设计（三）

图 5-51　拐角墙面图案设计（四）

（四）角落布置实例

楼梯拐角常常会有较大的墙面，可以悬挂一些教师或幼儿的作品、艺术品；楼梯下面的角落可以放置哈哈镜或布置成涂鸦角等；其他因建筑墙体结构不同而形成的角落，可以根据其空间大小，用盆栽植物、置物架或教师自制的软装饰进行布置，但在布置时也应考虑到整体环境，做到既有趣又能和整体环境有机结合，浑然一体，如图 5-52～图 5-59 所示。

图 5-52　运用衍纸工艺装饰的楼梯拐角墙面

图 5-53　运用儿童手工作品装饰的楼梯拐角墙面

图 5-54　楼梯侧面设计成涂鸦墙

图 5-55　角落可以布置哈哈镜

图 5-56　用纸筒装饰角落

图 5-57　角落布置（一）

图 5-58　角落布置（二）

图 5-59　角落布置（三）

三、吊饰设计与制作

幼儿园顶面的装饰应视经济情况和空间的高低而定。幼儿园室内高度一般以3.2～4米为宜。太低会令幼儿产生压抑、紧张感；过高则让幼儿感到缺乏温馨、亲切的氛围。针对幼儿园户内过高空间，可考虑顶面装修或顶棚悬吊一些装饰物（简称吊饰），以降低其空间，改变视觉上的空旷感。吊饰按功能可分为隔断吊饰、顶棚吊饰、装饰吊饰。隔断吊饰可以作为一种软装饰来划分室内区域空间，一般将每串装饰物并列垂挂，形成“屏风”造型，如图5-60所示；顶棚吊饰可解决室内空间过高所产生的空旷感，可用纸伞、风筝、蝴蝶等具有一定面积的装饰物进行布置，如图5-61所示；装饰吊饰在室内的布置相对灵活，可以单纯的点缀空间，也可以和吊牌结合进行装饰，起到环境美化的作用，如图5-62所示。

图5-60　隔断吊饰

图5-61　顶棚吊饰

图5-62　装饰吊饰

（一）吊饰设计方法

吊饰是幼儿园环境布置中不可缺少的重要元素之一，制作精美的吊饰既能给人以温馨、舒适的感觉，又能使幼儿园的环境大放异彩。在制作前首先要对吊饰进行设计，具体方法如下。

1. 构思

根据教育活动主题进行构思，构思时要考虑到吊饰设计的形象与色彩，考虑到选用的材料与制作工艺，考虑到悬吊区域的面积与高度。设计的吊饰要符合幼儿特点和审美情感，要与室内整体环境布置相协调。

2. 绘制草图

根据构思内容，从收集的资料中选择相应的形象或自己设计形象，确定吊饰的主色调。根据构图对形象、色彩进行调整并绘制。绘制好的形象要有比例、尺寸、色彩的标注。

3. 设计制作方案

根据设计草图，思考制作的方法，确定制作的方案。吊饰是一种悬吊的装饰物，设计的形象可以是平面、半立体或立体造型。平面造型采用的制作方式有剪纸、纸贴或布贴等；半立体造型可采用折纸、衍纸、绳编等方式；立体造型可采用纸立体、泥塑、综合材料等方式进行制作。根据制作方式合理的选择制作材料，才能使吊饰更加美观，发挥其作用。

（二）吊饰设计图例

幼儿园吊饰是最常见的环境装饰，一般作为走廊、门厅、班级室内的装饰物，不仅美化环境，还可以作为软隔断划分空间，也可以与区域吊牌综合应用，如图 5-63～图 5-73 所示。

图 5-63　顶棚吊饰设计（一）

图 5-64　顶棚吊饰设计（二）

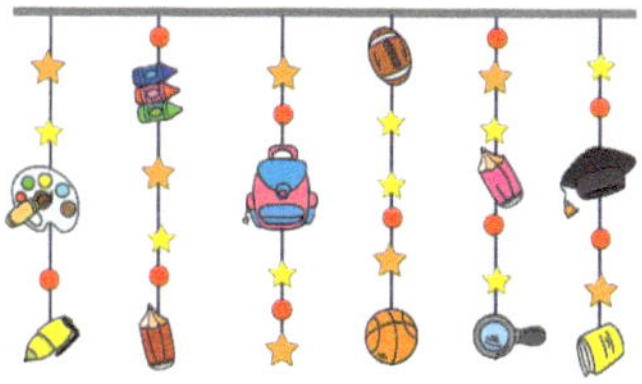
图 5-65　隔断吊饰设计（一）

图 5-66　隔断吊饰设计（二）

图 5-67　隔断吊饰设计（三）

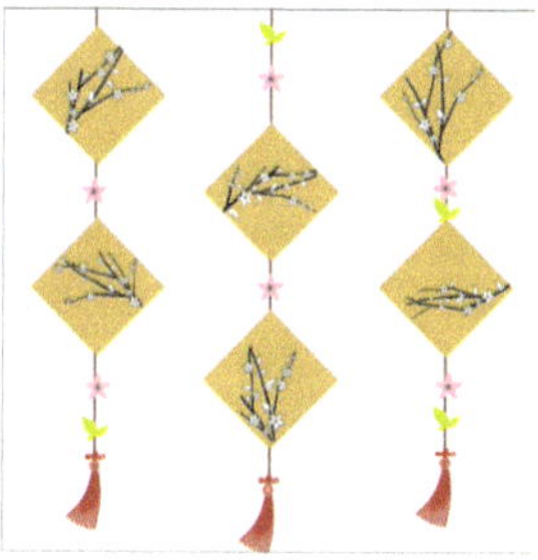
图 5-68　隔断吊饰设计（四）

图 5-69　隔断吊饰设计（五）

图 5-70　装饰吊饰设计（一）

图 5-71　装饰吊饰设计（二）

图 5-72 装饰吊饰设计（三）

图 5-73 装饰吊饰设计（四）

（三）吊饰布置实例

吊饰的色彩要明亮，光反射率高，这样才有助于室内的采光。不同功能室的吊饰要有所区别，如科学发现室，可用涂料喷绘出星空的图案，加以星状吊饰，更加突出使用功能和营造环境的气氛。顶棚吊饰要考虑到与电灯及电线避开，避免因电路故障而引发火灾。顶棚吊饰制作时要先制作吊架，再用材料进行装饰；隔断吊饰一般要先做底板，然后在底板上装饰；装饰吊饰可以直接用吊线把装饰物悬吊在所需布置的区域。常用的吊线有鱼线、麻绳、棉绳、丝带等；常用的吊饰底板有木板、聚酯纤维板、KT 板、网格板等，如图 5-74～图 5-81 所示。

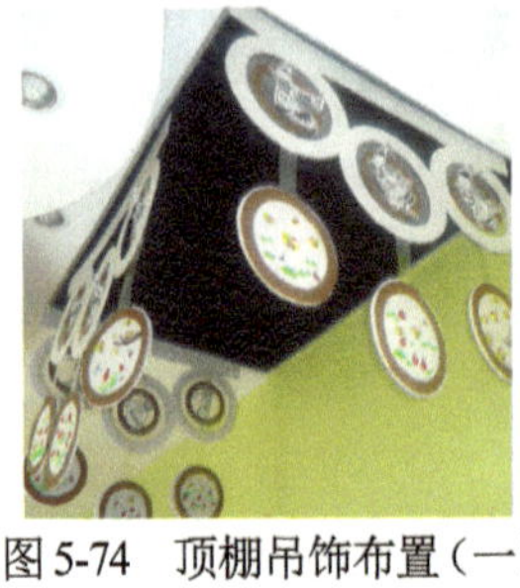

图 5-74 顶棚吊饰布置（一）

图 5-75 顶棚吊饰布置（二）

图 5-76 隔断吊饰布置（一）

图 5-77 隔断吊饰布置（二）

图 5-78 隔断吊饰布置（三）

图 5-79　装饰吊饰布置（一）

图 5-80　装饰吊饰布置（二）

图 5-81　装饰吊饰布置（三）

第二节　休息室、盥洗室及储物间的设计与布置

休息室、盥洗室和储物间是室内公共环境的重要组成部分，一般与活动室相连。休息室的主体是寝具，有些幼儿园在室内空间紧张的情况下，将休息室作为弹性空间。盥洗室与厕所最好位于活动室与休息室之间，既能方便日常生活又能便于在学习过程中使用。幼儿园还可以设置储物间，方便幼儿存放衣帽和储藏玩教具。为幼儿创造一个舒适、温馨、卫生的生活环境，有助于幼儿健康成长，也是实现教育目标和保教要求的保障。

一、休息室的设计与布置

休息室是幼儿午睡的场所，房间内除摆放床铺和必需品外，不要堆放其他物品，要给幼儿营造一个清爽、温馨的休息环境，如图 5-82 所示。休息室色彩要少而精，追求淡雅的风格，不能太鲜艳，太丰富，以免刺激幼儿视觉，造成幼儿情绪兴奋，影响幼儿入睡，如图 5-83 所示。床铺的构成要视幼儿园条件和卧室房间大小及幼儿的实际情况而定。条件缺乏的幼儿园，可将卧室安置在班级活动室里，床铺可采用折叠或伸缩床，如图 5-84 所示。可把床铺跟橱柜巧妙地结合起来，但要注意不能影响其他功能的使用和环境的美观。

图 5-82　暖色调休息室设计

图 5-83　冷色调休息室设计

图 5-84　休息室内伸缩床的设计

（一）休息室设计图例

休息室的墙面装饰设计应以提示安静、休息的内容为主体，让幼儿看到画面

能自然而然地平静下来，安然入睡。教师可以利用墙面张贴一些帮助幼儿锻炼脱衣、穿衣等生活自理能力方面的图片，提示幼儿正确地做事与学习的步骤；也可在顶棚空间设计吊牌、吊饰，与墙面装饰相互呼应，加强休息室内整体空间效果，如图 5-85～图 5-91 所示。

图 5-85　休息室吊牌设计（一）

图 5-86　休息室吊牌设计（二）

图 5-87　休息室墙面设计（一）

图 5-88　休息室墙面设计（二）

图 5-89　休息室墙面设计（三）

图 5-90　休息室墙面设计（四）

图 5-91　休息室墙面设计（五）

（二）休息室布置实例

休息室的整体布局应是宽松、自然和舒适的，室内装饰要简洁并给人以稳定之感。为了便于对幼儿睡眠的管理及疾病预防的需要，寝室各个床头间距为 0.5 米左右，两行床间距应为 0.9 米左右。小、中班幼儿的卧室不宜设计双层床，以免发生安全事故。儿童床和床品的选择可以根据房间装饰的色调进行搭配，如图 5-92～图 5-99 所示。

图 5-92　儿童床布置（一）

图 5-93　儿童床布置（二）

图 5-94　休息室布置（一）

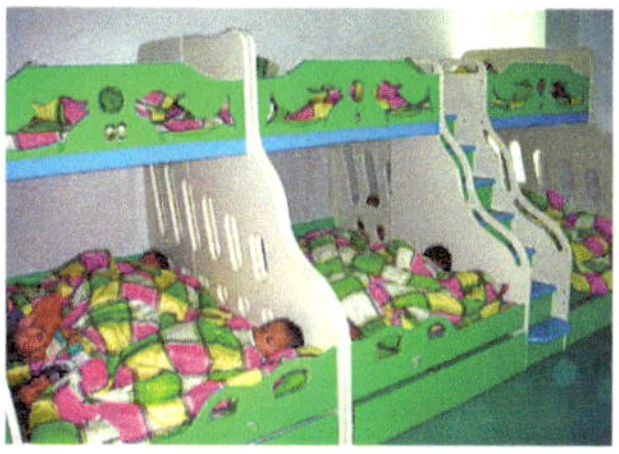

图 5-95　休息室布置（二）

图 5-96　休息室布置（三）

图 5-97　休息室吊牌装饰

图 5-98　儿童床装饰

图 5-99　休息室背景墙装饰

二、盥洗室的设计与布置

盥洗室主要包括盥洗区和厕所，宜设在距班级活动室最近之处，方便幼儿如厕、洗手、挂毛巾等，也便于教师照看和检查。卫生间的设计要考虑卫生、整洁、幼儿易冲洗及清洁其他物品等因素，不仅应满足功能方面的需要，还要注重空间效果。幼儿园每班盥洗室不小于 15 平方米，设备的尺寸应符合幼儿的身体尺度，大便池（建议取消蹲式便槽，使用幼儿马桶）、小便池、洗面台、污水池、淋浴、毛巾架、清洁柜等设施一应俱全。每个班的盥洗台和水龙头一般为 5～6 个，大便器或沟槽 3～4 个，小便池 4 位，淋浴 2 位，厕所应该通风并安装排气扇。具体的要求是：盥洗池的高度为 0.5～0.55 米，宽度为 0.4 ～ 0.45 米，水龙头的间距为 0.35 ～ 0.4 米，如图 5-100 所示。无论采用沟槽式或坐蹲式，大便器旁均应有约 1.2 米高的架空隔板，并加设幼儿扶手。每个厕位的平面宽度为 0.7 ～ 0.8 米，沟槽式的槽宽为 0.16 ～ 0.18 米，坐便器高度为 0.25 ～ 0.3 米，如图 5-101 所示。毛巾架应接近盥洗台，应使每一条毛巾在悬挂中不相互接触，以免交叉传染眼病。毛巾架挂钩水平间距应为 0.1 米，行距应为 0.35 ～ 0.5 米，如图 5-102 所示。

图 5-100　盥洗间设计

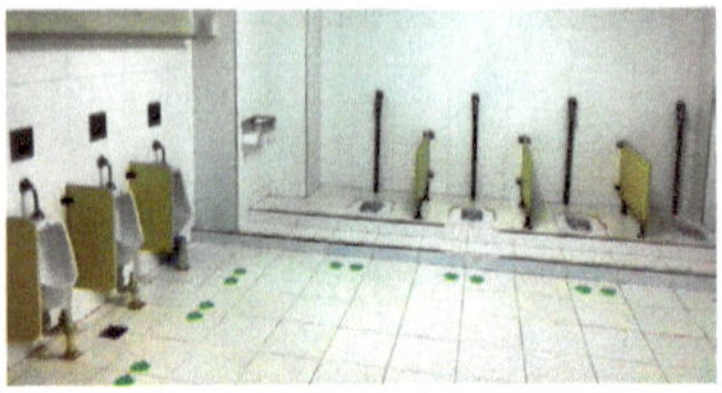

图 5-101　卫生间设计

图 5-102　毛巾挂架设计

（一）盥洗室设计图例

盥洗室的墙面上可布置一些针对儿童卫生行为习惯的教育图片，如幼儿洗手步骤的示意图。厕所的地面上可以贴上小脚丫图片，提示幼儿养成良好的秩序。水龙头上方的空间、镜子的四周都可以进行装饰，如手工制作的水滴造型，提示幼儿养成节约用水的好习惯，如图 5-103 ～图 5-108 所示。

图 5-103　盥洗室墙面设计(一)

图 5-104　盥洗室墙面设计(二)

图 5-105　盥洗室墙面设计(三)

图 5-106　盥洗室墙面设计(四)

图 5-107　盥洗室吊牌设计(一)

图 5-108　盥洗室吊牌设计(二)

（二）盥洗室布置实例

盥洗室通过环境的布置对幼儿进行教育，培养幼儿良好的洗手、如厕习惯，同时也可以渗透节约、谦让的细节。例如，孩子们的水杯、毛巾以及盥洗用具按专门的区域分开摆放，结合常规的训练配有不同的标志。这有利于培养幼儿从小讲卫生、守公德的良好行为和习惯，如图 5-109 ～图 5-114 所示。

图 5-109　盥洗室整体布置实例

图 5-110　盥洗室洗面台布置

图 5-111　盥洗室墙面、地面布置

图 5-112　厕所布置

图 5-113　洗面台布置

图 5-114　饮水区布置

三、储物间的设计与布置

幼儿园可设置幼儿的衣帽及玩具储物间，每班一间，使用面积约 9 平方米，供储藏中型玩教具、衣帽等物之用，也可兼作活动室的前室。新建园最好采用墙内壁柜的设计，以减少占地面积。柜子的高度以适合幼儿自己取放衣帽为宜，也可以提供挂钩让幼儿放置个人用品。衣帽储藏间用于存放幼儿从家里带来的额外衣物，以及他们在幼儿园自己收集的小东西，要为每个幼儿创造一个这样的空间来满足他们的需求，如图 5-115、图 5-116 所示。

图 5-115　储物间设计

图 5-116　衣帽储藏间设计

（一）储物间设计图例

储物间的柜子上可以设计名签卡让幼儿能够立刻找到自己的储物位置，还可以利用墙面进行教育，培养幼儿良好的习惯，同时也可以渗透爱护环境、保护公物的细节，如图 5-117 ～图 5-122 所示。

图 5-117　名签卡设计（一）

图 5-118　名签卡设计（二）

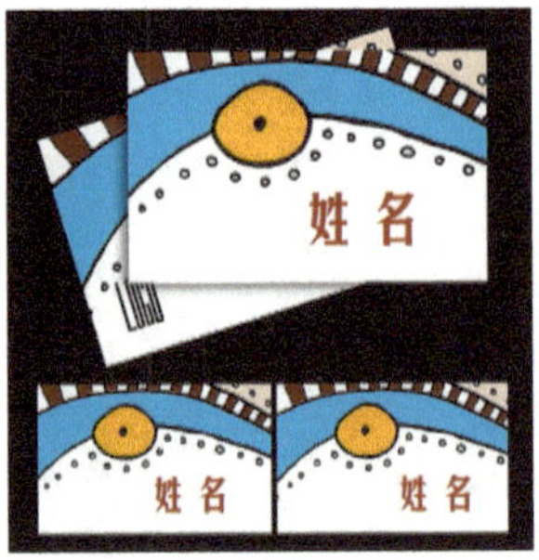

图 5-119　名签卡设计（三）

图 5-120　储物间墙面设计（一）

图 5-121　储物间墙面设计（二）

图 5-122　储物间墙面设计（三）

（二）储物间布置实例

储物间要有专门的储物架，储物架分为壁架和落地架两种。储物架要与幼儿的身高相协调，便于他们取放材料物品，而且提倡使用开放式，不安装柜门。保教人员在物质环境的创设中要做好环境的清洁和安全维护工作，对各种物质设施要定期打扫并消毒，确保幼儿经常接触的环境是安全、卫生、无污染的。

图 5-123　储物架布置（一）

图 5-124　储物架布置（二）

图 5-125　储物架布置（三）

图 5-126　玩具架布置（一）

图 5-127　陈列架布置

图 5-128　储物区布置

图 5-129　衣帽区布置

图 5-130　玩具架布置（二）

图 5-131　材料架布置

第三节　门、窗的设计与装饰

在幼儿园室内环境中常会看到各种造型的门、窗，合理的利用门、窗的形状进行设计与装饰，来创设生动有趣的物质环境，是十分有必要的。幼儿园的门、窗装饰一定要符合幼儿的天性，要进行整体的设计。一个好的、有趣的门、窗装饰设计，不仅能突出各班环境创设的风格和教育特点，而且还有利于幼儿身心健康与审美情趣的培养。

一、门的设计与装饰

各活动室门宜采用木制门，形式以双扇平开为宜，其宽度不应小于 1.2 米，不应使用转门、弹簧门和推拉门，如图 5-133 所示。门扇双面均宜平滑、无棱角，在距地 0.6 ～ 1.2 米以下不应装设易碎玻璃。国内有些幼儿园活动室有时采用钢门或铝合金门，对于幼儿来说非常不利，一方面触感生硬冰冷，另一方面棱角多而锋利，容易伤害幼儿，因此应避免使用。

为了方便幼儿自己开启或关闭活动室的门，最好在距地 0.7 米处加设幼儿专用拉手，也可与成人拉手结合成公用的拉手。活动室门在开关时，不小心会撞到人，因此，在兼顾幼儿和教师的视觉范围内做 5 毫米厚的透明玻璃，便于幼儿和教师进出活动室能观察门内、外的动静，如图 5-132、图 5-134 所示。

图 5-132　门框的设计

图 5-133　双扇门的设计

图 5-134　单扇门的设计

（一）门的装饰图例

根据房间的功用可以对门进行简单、有趣的装饰美化，也可以利用门牌来显示该房间的功能。门的装饰还要考虑到班级的文化氛围、活动主题与教育意义等因素。

1. 班牌的设计图例

如图 5-135 ～图 5-140 所示。

图 5-135　班牌设计图（一）

图 5-136　班牌设计图（二）

图 5-137　班牌设计图（三）

图 5-138　班牌设计图（四）

图 5-139　班牌设计图（五）

图 5-140　班牌设计图（六）

2. 门的设计图例

如图 5-141 ～图 5-143 所示。

图 5-141　门的装饰设计（一）

图 5-142　门的装饰设计（二）

图 5-143　门的装饰设计（三）

（二）门的装饰实例

门的尺寸可适当缩小些，高度可控制在 1.95 ～ 2 米。门洞周围可制作简单装饰。门套、门洞的形状都可以打破传统造型，上方可以用曲线造型，产生活跃变化之感，造型还可以是动物、植物。色彩可与窗相同，宜浅色为主，可以单色平涂或多色组合构成，也可以粉刷成各种符合幼儿特点的图案。每个功能室，特别是供大型活动的场所，宜开设两个或两个以上的门，如图 5-144 ～图 5-150 所示。

图 5-144　门的装饰实例（一）

注：门的装饰由小蜜蜂的图案与幼儿名签组合而成，色彩和谐，既符合幼儿的审美特征又能传达一定的信息

图 5-145　门的装饰实例（二）

注：门上的装饰与门套装饰相呼应，色彩以三原色为主色调，给人以活泼、跳跃之感

图 5-146　门的装饰实例（三）

注：门上用“火鸡”“餐盘”等自制玩教具装饰成一个餐桌桌面，来烘托感恩节的主题

图 5-147　门的装饰实例（四）

注：大班即将步入小学，门上采用小学校园建筑、时钟、书、球等图案进行装饰，激发幼儿学习的兴趣，熟悉即将步入的学校

图 5-148　门的装饰实例（五）

注：门用卡通兔子的图案进行装饰，兔子眼睛与门上玻璃开窗进行组合造型，加强趣味性

图 5-149　门的装饰实例（六）

注：门上用大大的七星瓢虫的图案和彩色的小圆点进行装饰，形成对比，具有很强的视觉冲击力

图 5-150　门的装饰实例（七）

注：在门的上方添加自制的房盖，又用大树和小燕子的图案进行装饰，给人以家的感觉

二、窗的设计与装饰

窗供室内通风、采光、空气流通之用。窗少或面积太小都将对环境产生不良影响，对幼儿身心健康不利。合理的窗面积应以室内面积的 1/3 ～ 1/2 为宜，这样才能保证通风、采光和空气流通的正常，如图 5-151 所示。面朝南的窗户应尽量开大，这样在炎热的夏季，吹入室内的风能多一点，也有利于室内采光。朝北的窗户宜开小，避免冬季寒风吹入，降低室内温度。同时要考虑窗户的安全性。窗户离地面不宜低于 0.8 米，窗玻璃尽量使用塑胶透明玻璃或钢化玻璃，窗扇应朝外开。窗户以下部分 1/3 的地方要装上栏杆，避免幼儿翻爬发生意外，如图 5-152、图 5-153 所示。

图 5-151　窗面玻璃的设计与装饰

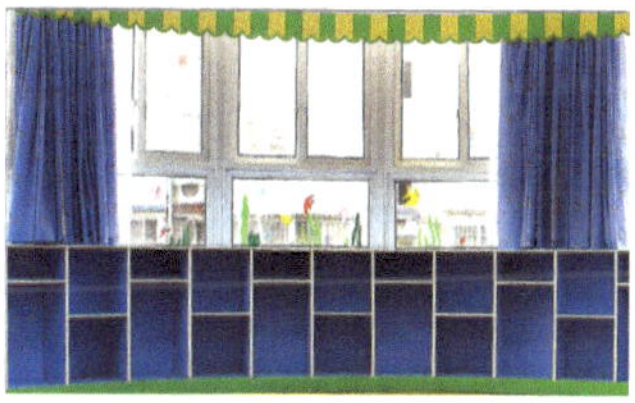

图 5-152　窗扇设计

图 5-153　窗下栏杆设计

（一）窗的设计图例

窗的装饰设计要考虑到采光，也需要协调室内环境。窗户玻璃本身需要有一层可爱的贴画作为区分室内与室外的媒介，贴画具有警示作用，避免孩子撞到透明玻璃造成伤害。还可以对窗套进行一些边框设计，可以与室内的风格相呼应，修饰窗户的同时，对房间的整体效果也能起到点缀作用。

1. 窗面贴画设计

在贴画设计上，应以卡通、温馨的图案为主，可以用玻璃贴纸剪些小动物，或用丙烯在玻璃上画人物、动物、景物等彩色图案，如图 5-154 ～图 5-156 所示。

图 5-154　窗面人物贴画设计（一）

图 5-155　窗面人物贴画设计（二）

图 5-156　窗面动物贴画设计

2. 窗套的边框设计

边框的设计要简洁、大方，可以是单一符号的重复，也可以是简洁图案的组合；采用的材料可以是多样的，纸、布、绳、废旧材料均可，如图 5-157 ～图 5-159 所示。

图 5-157　窗套的边框设计(一)

图 5-158　窗套的边框设计(二)

图 5-159　窗套的边框设计(三)

（二）窗的装饰实例

幼儿园玻璃窗的装饰一定要符合儿童的天性，要进行整体的设计，在室内活动室的窗户上粘贴或悬挂一些装饰物时，要以不影响室内采光、通风为原则。可利用窗台的空间进行小规模的种植、饲养，也可摆设一些来源于大自然的各种标本，以及用各种植物的种子和果实制作而成的手工艺品。教师要尽可能多地为幼儿提供参与环境布置的机会，如图 5-160 ～图 5-168 所示。

图 5-160　窗套边框装饰（一）

图 5-161　窗套边框装饰（二）

图 5-162　窗套边框装饰（三）

图 5-163　窗面贴画

图 5-164　窗面装饰（一）

图 5-165　窗面装饰（二）

图 5-166　窗面装饰（三）

图 5-167　窗的装饰（一）

图 5-168　窗的装饰（二）

优秀作品欣赏

1.　宣传栏布置

如图 5-169 ～图 5-180 所示。

图 5-169　宣传栏布置（一）

图 5-170　宣传栏布置（二）

图 5-171　宣传栏布置（三）

图 5-172　宣传栏布置（四）

图 5-173　宣传栏布置（五）

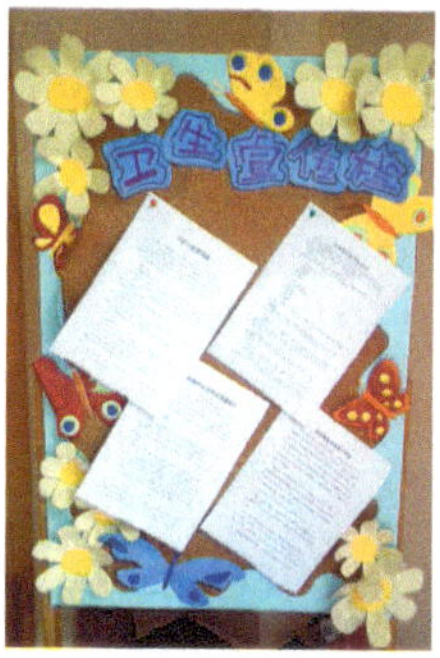

图 5-174　宣传栏布置（六）

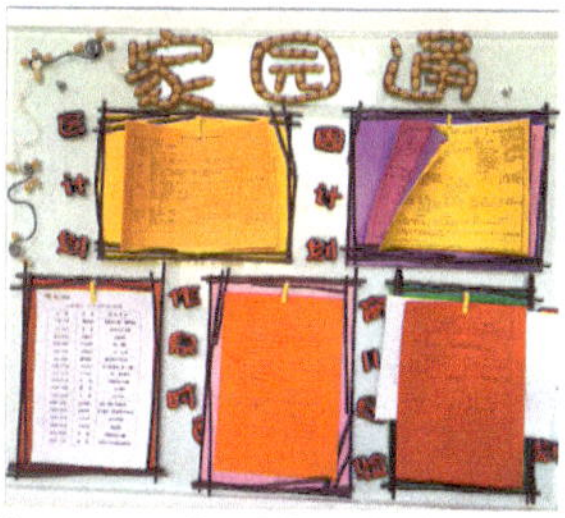

图 5-175　家园共育栏布置(一)

图 5-176　家园共育栏布置(二)

图 5-177　班级主题栏布置(一)

图 5-178　班级主题栏布置（二）图 5-179　班级主题栏布置（三）图 5-180　班级主题栏布置（四）

2. 作品栏布置

如图 5-181 ～图 5-189 所示。

图 5-181　作品展示栏布置(一) 图 5-182　作品展示栏布置(二) 图 5-183　作品展示栏布置(三)

图 5-184　作品展示区布置(一) 图 5-185　作品展示区布置(二) 图 5-186　作品展示区布置(三)

图 5-187　作品展示板设计(一) 图 5-188　作品展示板设计(二) 图 5-189　作品展示板设计(三)

3. 信息栏布置

如图 5-190 ～图 5-197 所示。

图 5-190　生日信息栏

图 5-191　值日信息栏（一）

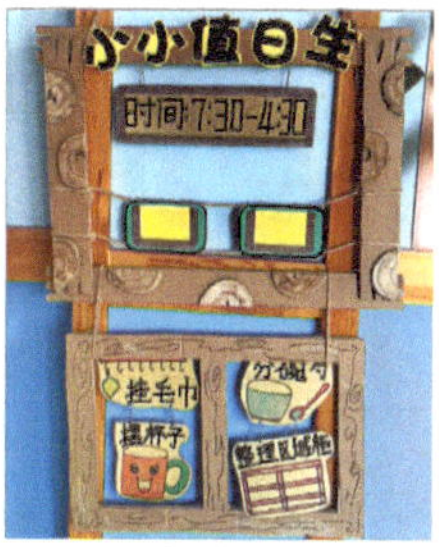

图 5-192　值日信息栏（二）

图 5-193　天气预报栏

图 5-194　技能展示栏（一）

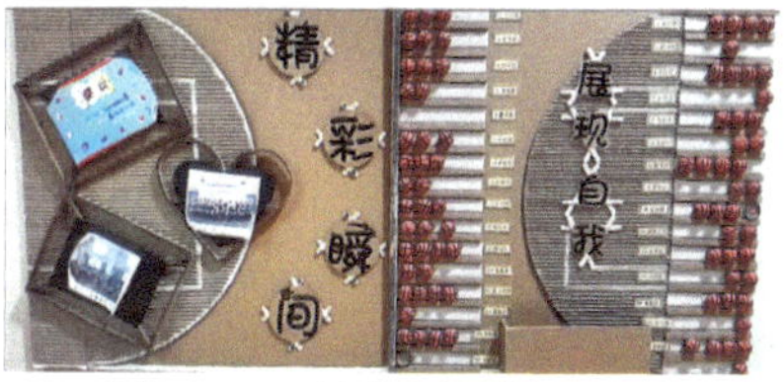

图 5-195　技能展示栏（二）

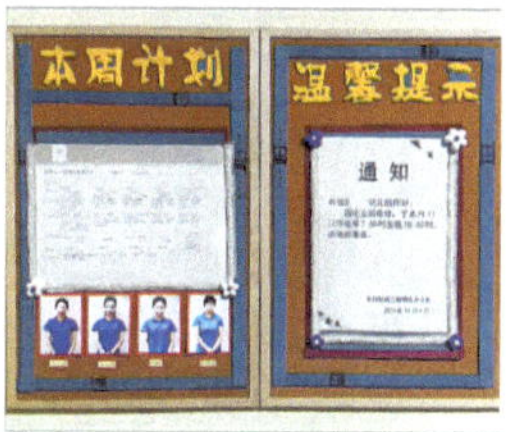

图 5-196　本周信息栏（一）

图 5-197　本周信息栏（二）

4. 立柱装饰

如图 5-198 ～图 5-204 所示。

图 5-198　墙面立柱布置（一）

图 5-199　墙面立柱布置（二）

图 5-200　墙面立柱布置（三）

图 5-201　墙面立柱布置（四）

图 5-202　大厅立柱布置（一）

图 5-203　大厅立柱布置（二）

图 5-204　大厅立柱布置（三）

5. 吊饰欣赏

如图 5-205 ～图 5-222 所示。

图 5-205　隔断吊饰（一）

图 5-206　隔断吊饰（二）

图 5-207　隔断吊饰（三）

图 5-208　隔断吊饰（四）

图 5-209　隔断吊饰（五）

图 5-210　隔断吊饰（六）

图 5-211　顶棚吊饰（一）

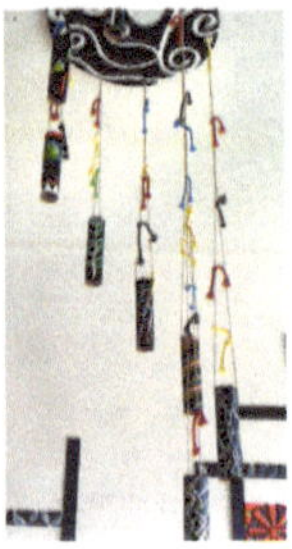
图 5-212　顶棚吊饰（二）

图 5-213　顶棚吊饰（三）

图 5-214　顶棚吊饰（四）

图 5-215　顶棚吊饰（五）

图 5-216　装饰吊饰（一）

图 5-217　装饰吊饰（二）

图 5-218　装饰吊饰（三）

图 5-219　装饰吊饰（四）

图 5-220　装饰吊饰（五）

图 5-221　装饰吊饰（六）

图 5-222　装饰吊饰（七）

6. 盥洗间布置

如图 5-223 ～图 5-232 所示。

图 5-223　毛巾悬挂区布置

图 5-224　洗浴区墙面布置

图 5-225　厕所墙面布置（一）

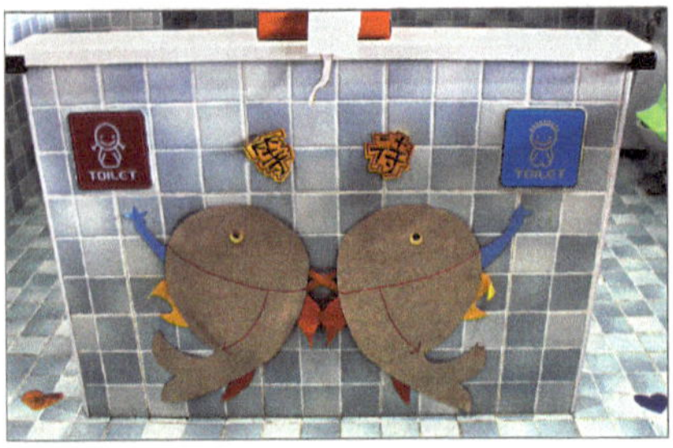

图 5-226　厕所墙面布置（二）

图 5-227　厕所墙面布置（三）

图 5-228　厕所墙面布置（四）

图 5-229　厕所墙面布置（五）

图 5-230　厕所墙面布置（六）

图 5-231　洗手台布置（一）

图 5-232　洗手台布置（二）

7. 门窗的装饰

如图 5-233 ～图 5-248 所示。

图 5-233　活动室内门的造型

图 5-234　班级门的装饰（一）

图 5-235　班级门的装饰（二）

图 5-236　班级门的装饰（三）

图 5-237　班级门的装饰（四）

图 5-238　班级门的装饰（五）

图 5-239　班级门的装饰（六）

图 5-240　班级门的装饰（七）

图 5-241　班级门的装饰（八）

图 5-242　班级门的装饰（九）

图 5-243　班级窗的装饰（一）

图 5-244　班级窗的装饰（二）

图 5-245　班级窗的装饰（三）

图 5-246　班级窗的装饰（四）

图 5-247　班级窗的装饰（五）

图 5-248　班级窗的装饰（六）

课后思考与练习

1. 搜集优秀幼儿园公共环境创设的图片资料，并与大家分享。

2. 设计并制作幼儿园吊饰。

3. 参观一所幼儿园，总结这所幼儿园的公共环境创设情况，提出设计与布置方案。

第六章　幼儿园功能室的布置与户外环境的美化

教学建议

1. 了解幼儿园功能室布置与户外环境美化的意义。

2. 掌握幼儿园功能室环境创设的基本要求，了解幼儿园的各类功能室及其环境布置方法。

3. 了解幼儿园的户外环境，掌握幼儿园户外环境的美化方法。

幼儿园为了更好地开展幼儿素质教育，专门设立各个功能室，使幼儿在各个方面都得到提高和发展，特别是使幼儿的操作能力、探索精神和独立思考能力在相应的环境中得到良好的培养。在教育环境中，户外环境的美化也是必不可少的。陈鹤琴提出“大自然是活教材”的教育观念，幼儿园户外环境及周围生活环境中有着广泛而又有利的诸多教育因素、教育资源。美化户外环境，有助于幼儿获得更多的集体生活经验，养成良好的行为习惯，为适应社会迈出第一步。

第一节　幼儿园功能室的布置

幼儿园的各功能室是为了满足幼儿开展各种活动和园务管理而设置的相应功能的房间。它通过造型、布局、色彩、家具陈列、软装饰布置等，为幼儿营造结构合理、安全卫生并符合幼儿教育活动特征的室内空间环境。为了有效地发挥各功能室的作用，还必须通过对功能室室内环境进行符合幼儿审美特点的创设，使之形成更加亲切、生动且充满人文关怀的气氛，为幼儿活动的开展创造更好的条件，使幼儿生活在童趣化且真正属于他们自己的世界里，享受生活的乐趣，获得艺术的熏陶。

一、功能室环境创设的基本要求

在幼儿园中，除了设置在班级空间中的活动区外，还有一类功能区，不专属某个班级，而是专门针对幼儿发展的某一类需要而创设，是各年龄班可以共用的环境，我们称之为功能室。功能室的针对性较强，因而可以较集中地为幼儿提供某一些方面发展的环境，使幼儿获得更深入、更充分的发展。由于功能室一般都是共用的，因而可以在一定程度上节约资源，也可以促进不同年龄和班级的幼儿之间的沟通与互动。功能室的环境创设具有以下几点基本的要求。

（一）兼容性

一般情况下，幼儿园专门创设的功能室都是不同年龄和不同班级可以共用的，这就要求各类功能室的环境创设具有一定的兼容性，既能够满足不同年龄段幼儿的差异性需求，又能够满足同一年龄段不同班级幼儿的多元化需求。例如，在阅览室中既有适宜小班幼儿阅读的图画书，又有适合大班幼儿阅读的有少量文字的图书，如图 6-1 所示。再如，在科学室中既有为动手能力较强的幼儿提供相对复杂的材料，又有为动手能力较弱的幼儿提供相对简单的材料，如图 6-2 所示。

图 6-1　阅览室

注：阅览室整洁有序的布置，使幼儿仿佛置身于一间宁静的小书店。图书种类多样，适合不同年龄段幼儿阅读，分层的书架美观且易于拿取

图 6-2　科学室

注：科学室中运用大树作为背景墙及主要装饰，让幼儿有种身处大自然的感觉，这种真实的体验能更好地激发幼儿对科学的兴趣，从而愿意发现探索

（二）可调整性

正是由于功能室的兼容性，各类功能室可能被不同班级的幼儿使用，因而要尽量减少固定化、不可拆卸的环境的布置，以便不同的幼儿在使用功能室时都可以根据自己的需要来调整环境。例如，功能室的空间划分应该让幼儿在使用时可以根据自己的需要来做适当的调整，如图 6-3 所示。再如，功能室的整体氛围也需要有一定的可调整性，如音乐室的灯光是可变换的。当幼儿欣赏欢快、明亮的音乐时就可以使用暖色调的灯光；当幼儿感受沉稳、忧伤的音乐时就可以使用冷色调的灯光，如图 6-4 所示。

图 6-3　多功能室

注：功能室运用了开放式的空间，并无固定的隔断，醒目的青蛙造型的吊牌容易吸引幼儿的注意，易于拆卸和移动的家具方便教师根据实际需要来调整环境

图 6-4　音乐室

注：音乐室的整体设计具有很强的艺术气息，橘黄色的暖色灯带与蓝色的冷色灯带可相互变换，烘托气氛

（三）丰富性和深入性

专门创设的功能室与幼儿园班级内的活动区最大的不同之处就在于功能室在其主要表现的内容上具有更大的丰富性和深入性，拥有能够表现该领域内容的更丰富和全面的材料，为幼儿提供了挖掘其某个方面潜能的更大的机会。例如，在美术功能室，既有常见的各种手工制作材料，又有日常生活中不常见的诸如具有民族特色的艺术表现材料；既有中国传统的绘画材料，又有西方绘画艺术的表现材料。可以说，功能室是某个领域的“百宝箱”和“博览会”，如图 6-5、图 6-6 所示。

图 6-5　美术功能室（一）

注：美术室内放置了云南扎染所需的染缸及染色材料，安置了织布机，以真实的情景布置及让幼儿实际操作，培养幼儿的兴趣，而且能使他们更好地理解民族工艺

图 6-6　美术功能室（二）

注：美术室内绘画材料丰富多样，既有中国画颜料，又有丙烯、油彩、水粉等西方绘画色彩颜料，便于幼儿掌握多种绘画形式与色彩表现技巧

（四）特色性

对于不同的幼儿园而言，大而全地设置每一类功能室显然是不现实的，因而幼儿园可以根据本园幼儿的需求及现有资源，有选择性地创设功能室。这种选择需要立足于幼儿的需求与兴趣，立足于幼儿发展中出现的问题来进行，而不是幼儿园进行物质攀比与炫耀的手段，这样的功能室才可以成为幼儿园真正的特色，如图 6-7、图 6-8 所示。

图 6-7　特色功能室

注：高铁外形的功能室设计新颖奇特。“高铁”安置在走廊靠窗处，不仅具有真实感而且节省空间

图 6-8　特色游戏区

注：具有特色的室外游戏及设施，让幼儿在阳光下快乐成长

二、各类功能室的环境创设

幼儿园常见的功能室有音乐活动室、科学活动室、美术活动室、体育活动室、图书阅览室等，为幼儿提供系统学习、交流和探索的专项活动空间。

（一）音乐活动室的环境创设

音乐活动室是供幼儿和教师开展各种音乐活动的场所。通过在此活动室进行音乐欣赏、歌唱、舞蹈及举行比赛、联欢、观摩等活动，可提高幼儿的音乐素养，丰富幼儿的文化生活，也有利于培养幼儿专注、配合默契及相互合作等良好的行为习惯。由于音乐活动的音量大，易影响其他活动室里的幼儿活动，因此，音乐活动室应远离其他功能室，并在装饰中充分使用隔音和吸音材料。室内设施要有利于开展各种活动。设施和摆放乐器的柜子都应为教育教学活动创造方便，且靠四周墙壁摆放，还应设置简易的舞台和灯光及灯光、音响控制室，便于加强音乐活动的气氛，如图 6-9 ～图 6-12 所示。

墙面美化要符合音乐功能室的特点。可选择与音乐相关的乐器实物、图片或壁画、雕塑来装饰，便于营造出更好的音乐氛围和高雅环境，如图 6-13 ～图 6-16 所示。

图 6-9　音乐活动室（一）

注：音乐活动室的棚顶装饰美观新颖；小舞台的布置便于幼儿表演，鼓励幼儿展示自我，培养幼儿自信心；可移动的小椅子便于根据活动调整空间

图 6-10　音乐活动室（二）

注：音乐活动室地面运用了钢琴与几何图形元素进行的装饰，与墙壁上的吉他装饰相互呼应。各种彩色的吊灯可以根据音乐的不同随时变换光亮，并不局限于一种类型的音乐

图 6-11 音乐活动室（三）

注：音乐活动室内摆放了吉他、架子鼓、电子琴等多种乐器，适合多名幼儿同时学习及演奏，墙上的装饰也很好地烘托了音乐活动室的气氛

图 6-12 音乐活动室（四）

注：音乐活动室整体采用淡粉色作为主色调且配以同色系窗帘，柔和的环境布置利于幼儿情绪的稳定，使其更容易进入音乐的世界静静聆听

图 6-13 音乐活动室墙面布置（一）

注：半立体的墙面设计颜色丰富多彩，彩虹色的琴键醒目耀眼。突出墙面的立体效果能够丰富幼儿的触感，欣赏的同时更具乐趣

图 6-14 音乐活动室墙面布置（二）

注：音乐活动室的墙面运用了钢琴、吉他、五线谱等元素来彩绘，多种音乐元素的结合体现出音乐的多样性与广博性

图 6-15 音乐活动室墙面布置（三）

注：音乐活动室背景墙以吉他、圆形唱片造型为主要装饰，多种色彩的碰撞体现出音乐的激情四射

图 6-16 音乐活动室墙面布置（四）

注：音乐室背景墙中的人物造型夸张，动态各异，体现出很强的节奏感与韵律感

（二）美术活动室的环境创设

美术活动室是供幼儿开展各种美术活动的场所，是专门作为美术作品展示的

空间和艺术鉴赏互动的空间。通过开展欣赏、绘画、手工等活动，培养幼儿的观察、想象和艺术创造力，并提高幼儿的表现和审美能力，激发幼儿对生活的热爱和对美好事物的向往。

美术活动室的设施要满足各种美术活动需要，如各种材料、工具、桌、椅等。还可以另设置储藏、摆设美术材料、工具与资料的储物间或储物架。周围环境的美化也要突出艺术特征，可布置与美术相关的静物进行摆设，或直接运用名作复制品、儿童美术作品或民间艺术品等装饰，如图 6-17 ～图 6-21 所示。

此外，还要提供给幼儿充分展示自己作品的空间，设置陈列区域，还可设置用于摆放手工或泥工作品的展示架，使幼儿可以感受到创作后的成就感，也增加了幼儿之间相互交流和欣赏的机会，如图 6-22 ～图 6-24 所示。

图 6-17　美术活动室（一）

注：用绳编、纸雕、泥塑等艺术作品装饰美术室，不仅能突出材料的艺术特性，而且潜移默化的培养幼儿的艺术审美能力

图 6-18　美术活动室（二）

注：具有民族特色的美术活动室内摆件种类繁多，可再划分区域，如绘画区、民间手工艺操作区、欣赏区等；工具、材料摆放整齐有序，具有一种秩序美；棚顶的纸伞吊饰更能突出民族特色

图 6-19　美术活动室（三）

注：美术活动室的环境布局大小适宜，色彩鲜明和谐；纸伞等手工作品具有浓厚的艺术气息，同时也可作为角色扮演道具，一物多用

图 6-20　美术活动室（四）

注：壁架的木格内放置许多陶瓷艺术品，各式各类的瓶瓶罐罐摆放在室内便于幼儿观察

图 6-21　美术活动室（五）

注：美术活动室光线充足，在室内一侧安置上下水设备，方便幼儿清洗

图 6-22　美术活动室（六）

注：美术活动室内选用较大的长方形桌子方便幼儿小组操作；墙面设计置物架，可以摆放幼儿的艺术作品

图 6-23　美术活动室（七）

注：开放式的展示柜，方便幼儿从前后两个方向摆放作品或参观

图 6-24　美术活动室（八）

注：墙面上的泥工展示架，既方便幼儿观察又节省空间

（三）科学活动室的环境创设

科学活动室是供幼儿开展各种科技活动的场所。它通过观察、操作、实验、比较等活动，培养幼儿独立思考、积极配合、努力探索的精神，有利于幼儿从小养成爱科学、学科学、用科学的良好习惯。

教师应根据各种科技活动配备相应的工具、仪器、物品，如地球仪、天文望远镜、显微镜、化学仪器和无毒、无刺激性气味的化学品、物理设备、模型、小制作零件及动植物标本等。这些材料设备的放置要分门别类，便于活动的开展，方便幼儿的操作与观察，如图 6-25 ～图 6-28 所示。

墙面可贴一些科技图片，也可绘制有关科技内容的图画，如天体图像、外星探索或科学畅想等内容的图片，这有利于增强活动的科学氛围，让幼儿从中获得启发和教育，使幼儿充分自觉地参与活动，如图 6-29 ～图 6-34 所示。

图 6-25　科学活动室（一）

注：科学室的空间宽敞明亮，适合教师组织全体幼儿集体参观

图 6-26　科学活动室（二）

注：科学活动室内放置了大型地球仪与天文望远镜等教具，方便幼儿操作，养成爱科学的好习惯

图 6-27　科学活动室（三）

注：科学活动室内桌椅位置摆放适宜，适合幼儿开展各种科学活动；起重机模型可供多名幼儿同时参观、操作

图 6-28　科学活动室（四）

注：科学活动室内储物柜摆放各种各样的镜子，幼儿可以在操作的同时进行对比

图 6-29　科学活动室（五）

注：用达·芬奇的名言作为活动区标语，橙色的纸筒制作成美术字，即醒目又美观。名人名言能很好地激励幼儿对科学的兴趣并树立良好榜样

图 6-30　科学活动室（六）

注：以自然景观、长颈鹿、星球、科学元素等造型装饰背景墙，真实的模拟情境，让幼儿置身于科学世界中

图 6-31　科学活动室（七）

注：以一个大的圆形玻璃为底，其余小星球分别镶嵌在透明圆形玻璃上，模拟出一个宇宙中星球的位置图

图 6-32　科学活动室（八）

注：以蓝色为主的设计让人有一种置身于科学海洋的感觉，神奇的镜子激发幼儿的好奇心

图 6-33　科学活动室（九）

注：绿色为主的设计给人一种置身森林的感觉，网状的背景墙便于教师随时从各个角度观察幼儿

图 6-34　科学活动室（十）

注：科学活动室内的木质展示架很有质感且美观实用，展示架的分层设计适合不同年龄段的幼儿参观拿取

（四）体育活动室的环境创设

体育活动室是供幼儿从事室内体育活动的场所，满足幼儿在风雨天气时开

展体育活动的需要。活动室应配备适合开展室内体育活动的器材和塑胶地面，要安装可供幼儿观看自己动作的镜子，还应专门设置一个储物室，用于放置体育器械。墙面上可绘制一些与体育运动相关的图画，增强体育运动气氛。体育活动室有助于幼儿了解体育，热爱体育，养成锻炼身体的良好习惯，如图 6-35 ～图 6-38 所示。

图 6-35　体育活动室（一）

注：体育活动室内的秋千、滚筒等器具很受幼儿喜爱，能够激发幼儿对体育的兴趣

图 6-36　体育活动室（二）

注：体育活动室内宽敞明亮，举架高的室内空间，可以安装更多类型的体育设施

图 6-37　体育活动室（三）

注：此房间既是体育室又是舞蹈室，充分利用空间；室内摆放灵活的小件体育器材，对幼儿进行体能训练

图 6-38　体育活动室（四）

注：空间较大的体育室设计了篮球场地，让幼儿体验篮球运动的快乐

（五）图书阅览室的环境创设

图书阅览室是供教师和幼儿学习的场所，同时也是全园所有图书资料储存管理的中心。不同类型的图书阅览室有着不同的特点和发展规律，但它们的共同特点就是利用丰富的图书文献、信息资料为读者服务。建设幼儿园图书阅览室不必大而全，关键是根据幼儿园独特的环境、幼儿的年龄特点，办出自己的特色。例如，教师和学生可同处一室阅览，便于幼儿感受到教师学习知识的态度，从而养成自觉学习的良好习惯。

室内应有存放图书资料的书架，书架的高度应在幼儿身高及视力能及的范围内，尺度上以方便幼儿取放图书为宜。同时要在一边设置可供教师教学使用的资料与教具。室内墙饰布置宜简单，色彩不能太鲜艳，构图不要太复杂。墙饰主体图案要鲜明、易懂，应与学习知识紧密联系。这将有利于培养幼儿热爱图书、热爱学习的良好习惯，如图 6-39 ～图 6-44 所示。

图 6-39　图书阅览室（一）

注：以海绵宝宝形象、小汽车造型设计的书架新颖奇特，书架高度符合幼儿的年龄特点，深受幼儿的喜爱

图 6-40　图书阅览室（二）

注：阅读室设计现代时尚，顶棚的重彩绘画突出高雅的氛围，宽大的桌椅适合亲子阅读

图 6-41　图书阅览室（三）

注：吊饰、背景墙的设计不仅丰富阅览室的空间，而且具有一定的教育功能

图 6-42　图书阅览室（四）

注：圆桌及圆形沙发座椅，舒适美观，适合多名幼儿阅读交流或亲子阅读

图 6-43　图书阅览室（五）

注：分层书架设计，可根据书的种类进行摆放，方便教师拿取与归类

图 6-44　图书阅览室（六）

注：家居式的阅读室设计舒适温馨，运用图书影像的壁纸装饰墙面，给人以放置海量图书之感

幼儿园除可设置以上功能室外，还可根据自身的经济条件、本园特色及当地社会的实际情况，设置更加专业系统且全面的工作坊。例如，生活实践坊、木工坊、陶瓷坊、歌舞剧坊、小型电影院、民乐坊、社会实践坊、大型游乐坊等，为幼儿全面认知和实践提供必要的场所和设施设备。

生活实践坊的环境创设案例，如图 6-45 ～图 6-53 所示。

图 6-45　布置前生活实践坊环境

注：布置前的生活实践坊宽敞明亮，坊内已经摆放了一些生活实践用具（购置的模型），但坊内教育活动特征不明确，缺乏童趣感

图 6-46　布置后生活实践坊环境

注：布置后的生活实践坊内重新划分了“吸吸吧”“中西餐饮区”“食品加工区”“咖啡吧”四个区域，每个区域通过造型、布局、色彩、软装饰布置，为幼儿营造结构合理、安全卫生并符合幼儿教育活动特征的室内空间环境，使幼儿生活在童趣化的且真正属于他们自己的世界里，享受生活的乐趣，获得艺术的熏陶

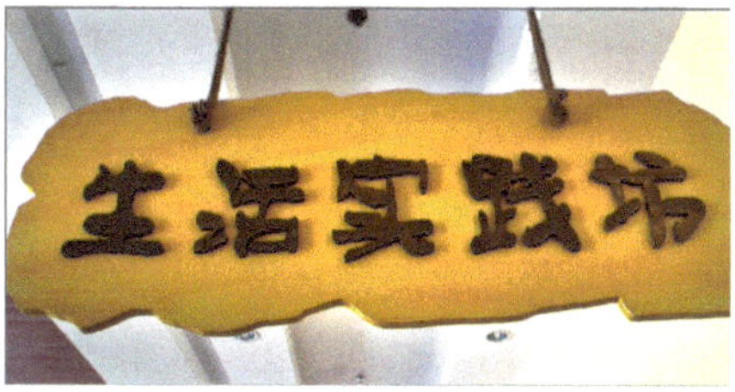

图 6-47　生活实践坊吊牌

注：木质的生活实践坊吊牌没有进行过多的装饰，目的是和其他工作坊吊牌形成统一风格，达到环境创设的整体性

图 6-48　桌面自制食品玩教具

注：桌面上用无纺布自制的水果、食品玩教具可拆卸拼装，既美观又安全

图 6-49　生活实践坊墙面布置

注：背景墙设计成天才小厨师的 PK 大赛，有趣地展示了中、西餐饮文化，具有一定的教育功能

图 6-50　生活实践坊桌面摆件

注：桌面上自制的各种厨房用具，用可爱的卡通形象进行装饰，符合儿童的年龄特点

图 6-51　生活实践坊吊饰

注：生活实践坊的吊饰，采用无纺布制成；以各种食品的造型进行软装饰布置，不仅能根据主题丰富顶棚空间内容，而且起到了隔断的作用

图 6-52　窗台装饰花卉

注：窗台上的手工太阳花色彩鲜艳、制作精美，幼儿可以根据自己的喜好进行插花游戏，在提高幼儿审美能力的同时又能装饰环境

图 6-53　“吸吸吧”装饰

注：“吸吸吧”区域，进行了区域名牌、区域规则、区域玩教具的设计与布置，使原本空荡的木质家具增添了童趣化的色彩，让幼儿在属于他们自己的世界里，享受生活的乐趣

第二节　幼儿园户外环境美化

幼儿园户外环境是幼儿园环境创设的重要组成部分，优美的户外环境可以让每个入园的幼儿心情舒畅。幼儿园的户外环境可以通过安装器械设备、拼摆游戏器材、绘制地面图案、绿化植被等进行环境的创设，增加幼儿的好奇心，调动他们参与的积极性；可以充分利用自然环境中各种有价值的信息、要素对幼儿进行生动、直观、形象而又综合的教育。

一、围墙、围栏装饰

户外围墙具有较大的面积，是可以充分利用的空间。围墙和园门是幼儿园形象的标志之一，是孩子们走进幼儿园前的第一印象，是幼儿园赢得幼儿喜爱的首要形象。因此，它们的造型设计应具有鲜明的儿童化、艺术化的特点，要重视幼儿的审美情趣和艺术特征，要把对比与调和、统一与变化、节奏与韵律等形式美融入其中，注重童心、童趣，充分展现幼儿园的特色风采。

（一）墙面绘画

幼儿园墙面绘画的设计、制作要根据幼儿对世界认识的心理特征，在造型和色彩上符合幼儿对事物的认识和发展规律，运用变形夸张的方法，使画面具有强烈鲜明的艺术特色；构图构思要突出绘画内容或主题，构图表现形式要多样统一、宾主呼应、虚实相生、充满童趣，如图 6-54 ～图 6-63 所示。

图 6-54　以雪地嬉戏为主题的墙面绘画

图 6-55　以海底世界为主要内容的墙面绘画

图 6-56　各异小房子的墙面绘画

图 6-57　以经典童话为主题的墙绘

图 6-58　以简单的装饰图形为主题的墙绘

图 6-59　“木偶奇遇记”主题的室内墙绘

图 6-60 卡通形象与字母结合的墙绘

图 6-61 以自然界的花草、昆虫为内容绘制墙面

图 6-62 以一起成长为主题的墙绘

图 6-63 围墙与地面都进行了绘画的装饰

（二）围栏装饰

幼儿园户外环境中少不了各式各样的围栏，常用的围栏有木质围栏、铁艺围栏、绳编围栏。幼儿园安置围栏一方面是为了幼儿安全，另一方面是用来划分区域。围栏应以坚固、耐久的材料制作，栏杆高度不应低于 1.05 米，栏杆间距不得大于 0.11 米，这一标准是根据 0 ～ 6 岁幼儿身高和头围比例来确定的。幼儿可在围栏上进行适当的装饰，让原本单调的围栏变得富有生趣，如图 6-64 ～图 6-72 所示。

图 6-64 用纸杯装饰的铁网围栏

图 6-65 用绳编穿插图案的方式装饰围栏

图 6-66 用毛线钩织的红花做装饰

图 6-67　用不同造型的小房子作为装饰

图 6-68　用手工花装饰围栏

图 6-69　用废旧瓶子作为装饰

图 6-70　利用废旧储物盒盆栽作为装饰

图 6-71　在木围栏上手绘人物形象进行美化

图 6-72　雨靴作为种植花草的花盆装饰围栏

二、户外区域布置与美化

随着人们对运动和健康的重视，幼儿园的户外活动出现了区域化倾向，除了传统的沙水区、戏水区、种植区或生态区外，许多幼儿园将轮胎、电缆轴、废弃车体、船体加以装饰改造后放到园内供孩子们使用。还有的幼儿园在户外设置了专门的骑乘区，其中摆放二轮至四轮脚踏车、扭扭车。此外，大型积木活动区域、涂鸦或绘画活动区域及穿插其中的由各式桌椅构成的休息区等，都让幼儿园户外环境更为丰富。

（一）沙区设置与美化

无固定结构的材料是幼儿园户外环境的一大亮点，以沙区为例，活动材料可塑性大，又可配合各种玩具开展游戏，可满足幼儿想象力、创造力和成就感，并丰富幼儿的感觉经验。幼儿可以在教师的指导下，开展沙雕艺术欣赏、沙雕造型比赛等趣味活动，通过这些活动培养幼儿独立专注的态度和良好的合作精神。

沙地应设置在幼儿园户外的一个角落或靠近水的地方，不至于影响其他区域环境，也有利于幼儿赤足进行活动。有条件的幼儿园可造木制或水泥制的沙坑，没有条件的幼儿园可因地制宜造小型沙坑或利用废旧木箱装入沙子供幼儿玩耍。沙区还应备有沙铲、沙锄、筛盆、小桶、漏斗、废旧瓶子等工具，如图 6-73 ～图 6-80 所示。

图 6-73　室外沙区布置（一）

注：利用地势在沙区边上设置了滑梯，即可避免幼儿从滑梯滑下的危险，又可进行玩沙游戏

图 6-74　室外沙区布置（二）

注：用沙袋围成一个圆形的沙堆，沙堆上面设有遮阳棚，避免幼儿晒伤

图 6-75　室外沙区布置（三）

注：弹簧跷跷板、小木屋、彩色遮阳棚的布置，使整个沙区的环境充满活力

图 6-76　室外沙区布置（四）

注：大型的沙区设计适合多名幼儿同时玩耍

图 6-77　室外沙区布置（五）

注：沙区内可投放多种多样的玩沙工具

图 6-78　室外沙区布置（六）

注：沙区内可设置与沙土相关的科学玩具

图 6-79　室内沙区设置（一）

注：专项的沙区活动室使幼儿仿佛置身于一个沙的海洋，里面的雨伞装饰与各种玩具使沙区看起来丰富多彩，海绵宝宝的装饰更是起到了画龙点睛的作用

图 6-80　室内沙区设置（二）

注：各种圆筒状的沙区玩具，可以进行玩沙游戏，还可以进行建构游戏

（二）戏水区设置与美化

戏水是幼儿运用无固定结构材料进行的游戏活动。戏水区域的设置将使幼儿的天性得以尽情释放，同时，通过活动可以让幼儿了解一些简单的物理常识，如各种材料在水中的浮沉情况等。戏水区可以用临时的蓄水设备，也可以根据幼儿园的实际情况建筑水池，水池底部可用天蓝色进行装饰，也可以配上一些水中动物的图案，便于幼儿从中学习和了解相关的知识。戏水区还应准备一些器具，如冲洗沐浴设备、小水车、救生圈、软管、大小容器、水枪及各种浮沉物品等。材料要考虑安全因素，活动过程中，要注意安全性、科学性和趣味性，如图 6-81 ～图 6-89 所示。

图 6-81　戏水区布置（一）

注：以整个喷泉广场作为幼儿戏水区，室外喷泉可以欣赏又可为幼儿提供戏水场地，节省空间，一举多得

图 6-82　戏水区布置（二）

注：大型充气蓄水设备，作为室外戏水区可供多名幼儿同时玩耍，也很安全

图 6-83　戏水区布置（三）

注：以彩虹造型为主体的室外泳池设计，配以蓝色的池水，映衬出绚丽的色彩，打造出一个多彩的世界

图 6-84　戏水区布置（四）

注：以卡通故事场景为主体的室外泳池设计，给幼儿玩水增添了乐趣

图 6-85　戏水区布置（五）

注：以吉他的图形设计的水池不仅有很强的艺术美，还可以装饰周边环境

图 6-86　戏水区布置（六）

注：拖鞋形状的戏水区设计，不仅造型新颖，还可以遮挡烈日

图 6-87　戏水区布置（七）

注：小型的圆形戏水池配以简易的玩具，可节省室外空间，又能实现区域功能

图 6-88　戏水区布置（八）

注：白沙上面放置戏水玩具，可供幼儿进行戏水游戏

图 6-89　戏水区布置（九）

注：戏水区墙面上的海底世界的彩绘烘托出一种海边玩水的气氛

（三）种植、饲养区设置与美化

种植区是供幼儿种植蔬菜、花草等植物的活动区域，应配有小锄头、铁锹、小桶、水管等工具，还应配有植物种子。种植区的美化方式有悬挂吊牌、装饰彩带、粘贴彩图等，如图 6-90 ～图 6-100 所示。饲养区是喂养小白兔、小鸟、鱼等小动物的活动区域。合理选择饲养内容是（选择温顺的小动物，避免凶猛野兽）顺利开展饲养活动的前提，还要给小动物设置良好的饲养环境，在区内应配有小动物的基本信息牌及喂养方法的挂图，还应配有喂养工具及小动物的食物等，如图 6-101 ～图 6-106 所示。

图 6-90　种植区布置（一）

注：大树上分别用了红、黄、蓝三种颜色的手工糖果作为装饰，造型夸张，能引起幼儿的兴趣

图 6-91　种植区布置（二）

注：设置农场可以让幼儿体验播种与收获的快乐；幼儿进入农场要遵守规则；可在围栏上进行装饰

图 6-92　种植区布置（三）

注：教师带领幼儿在农场里劳作，观察植物的形态、气味、特点及生长过程

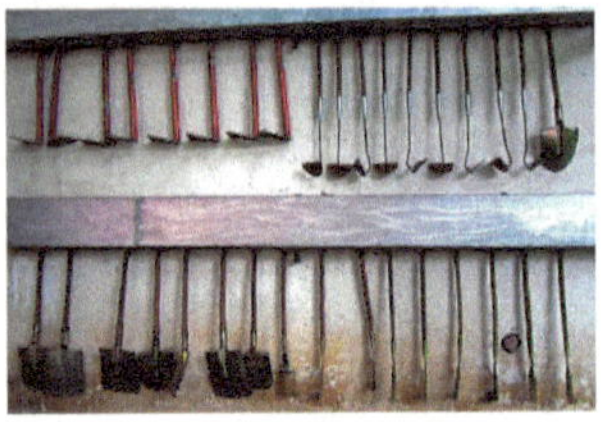

图 6-93　种植区布置（四）

注：铁锹、锄头、铲子按类别归纳好挂在墙上，便于幼儿认识与拿取农作工具

图 6-94　种植区布置（五）

注：农场用木质栅栏按植物类别分隔开；植物中间设置小路便于幼儿进行观察

图 6-95　种植区布置（六）

注：“开心小农场”牌子醒目耀眼；小农场的牌子与园门装饰都用木质材料制作而成，贴近大自然

图 6-96　种植区布置（七）

注：“玉米”植物信息牌运用图与文字相结合的方式，向幼儿传达科学知识

图 6-97　种植区布置（八）

注：“草莓”植物信息牌用彩泥捏塑的小草莓做装饰，配有草莓生长的过程图，清晰美观

图 6-98　种植区布置（九）

注：长方形木质花盆，与背景相融，具有很强的设计感

图 6-99　种植区布置（十）

注：利用塑料瓶制作花盆，种植花草，配有幼儿的手工装饰，给墙面增添了无限生机

图 6-100　种植区布置（十一）

注：木墙上的小盆栽利用立面空间进行排放，营造了浓厚的田园氛围

图 6-101　饲养区布置（一）

注：用钢丝网搭建的动物院舍通透性能好，便于幼儿观察动物，也利于院舍通风透气

图 6-102　饲养区布置（二）

注：饲养区的墙面上可以绘制一些小动物的彩图

图 6-103　饲养区布置（三）

注：饲养区采用独特的建筑造型，为每一个小动物搭建自己的家

图6-104　饲养区布置（四）

注：饲养区配有路线图，能让幼儿快速找到小动物的家

图6-105　饲养区布置（五）

注：用栅栏与丝网将各类小动物分开并配有挂图，能更直观的传达信息

图6-106　饲养区布置（六）

注：挂上小动物的信息牌和内装食物的小桶

（四）体能锻炼、运动区域

体能锻炼、运动区域是放置各种运动器械并进行体能锻炼、运动的主要区域，配备各种体育活动的器械是有效开展户外活动所必需的。体育活动在增强幼儿体质、促进幼儿勇敢、自信及活泼开朗等个性发展上具有重要作用。幼儿园户外的器械设备要符合幼儿的身体高度与活动能力。

常见的体能设施有：攀爬类的网或木板斜坡；滑行类的滑梯或滑竿；行走类的各种组合的吊桥；眩晕类的秋千、浪船、摇椅、绳索、吊桥；钻爬类的各种材质的隧道和迷宫。

体能设施宜采用多功能式的复合型设施，方便幼儿从事各种户外活动，并适合不同年龄幼儿的运动需求。造型要奇特而有变化，色彩要鲜艳、丰富，设施之间要有一定的距离，不能太拥挤，要充分考虑到设施的安全性。体能设施宜摆置在户外的草坪、塑胶或软性材料的地面上，可以在体能锻炼、运动区域内悬挂规则牌及警示牌，如图6-107～图6-117所示。

图6-107　体能锻炼、运动区域布置（一）

注：大型的弯曲滑梯是复合型体能设施，一边是全开放式弯曲滑梯，一边是封闭式弯曲滑梯

图6-108　体能锻炼、运动区域布置（二）

注：在攀爬架旁用可爱的小猴子玩偶做装饰，增加了活动区的趣味性

图 6-109　体能锻炼、运动区域布置（三）

注：三角形结构的网状攀爬梯，发展幼儿体能的同时培养幼儿自信与勇敢

图 6-110　体能锻炼、运动区域布置（四）

注：蓝色旋转滑梯与沙区的蓝色顶棚形成统一的风格

图 6-111　体能锻炼、运动区域布置（五）

注：“UFO”的滑梯造型引起幼儿兴趣，并列的三个滑行梯使幼儿从飞船中降落到地球

图 6-112　体能锻炼、运动区域布置（六）

注：游戏场地进行了整体的设计与精心的安排，实现了教育功能的多样性

图 6-113　体能锻炼、运动区域布置（七）

注：以杠上游戏为主的体育设施安置在沙地上，可以减少不必要的伤害

图 6-114　体能锻炼、运动区域布置（八）

注：以恐龙骨骼造型设计的钻爬设施格外吸引幼儿，这种富有艺术感的设计给活动区增添了新意

图 6-115　体能锻炼、运动区域布置（九）

注：大面积的塑胶操场是幼儿运动的天地，绘制的动物图案打破操场的传统设计，增添了美感和趣味

图 6-116　体能锻炼、运动区域布置（十）

注：钻爬筒、攀爬架与小滑梯，构成了一个丰富多样的体育游戏场地

图 6-117　体能锻炼、运动区域布置（十一）

注：绿色的仿原生态长方形操场与红色跑道结合，绿与红的经典搭配从视觉上呈现一种美感

三、幼儿园建筑与绿化

幼儿园的建筑选址首先要考虑影响幼儿生长发育的各种因素，既要满足幼儿日常生活中对清新空气、适度采光、干净饮水和用水等基本生活条件的需要，也要满足幼儿好奇、探索、游戏、运动行为对设施设备的要求，还要满足方便家长接送等

要求。综合起来，一般幼儿园建筑设置在清洁、安全、安静、无污染的居民区为好，应避开容易产生噪声污染、辐射污染、光污染等的工厂区域和商业地带。为了避免自然灾害隐患，幼儿园大多位于地势平坦、土质干燥、易排水和阳光充足的地方。

在对幼儿园建筑物、绿化用地等进行安排时，要考虑到幼儿生活环境的朝向是否适宜，给幼儿提供的游戏场地是否能有充足的日照时间。大多数幼儿园房舍的主体建筑以朝南和朝东为主，这与地域特点有关，我国北方的幼儿园对房舍朝向的要求会更高些。从建筑楼层看，一般不能超过四层楼，其中幼儿活动室和寝室最好不要安排在四楼及以上。园内其他的建筑如保健室、隔离室、厨房、多功能厅、教师办公室等，最好要与幼儿班级活动室和寝室分隔开，确保不干扰幼儿日常的生活和活动，又便于工作人员各项工作职责的执行。

（一）幼儿园的建筑

幼儿园的建筑，是幼儿园形象的象征，是吸引幼儿的重要因素，在造型上要遵循美的原则和规律。朝南的窗户宜开大些，朝北的窗户宜小些，有利于采光、通风和御寒。有条件的幼儿园可设置专用电梯输送饮食和其他物品。楼顶层可设计成活动场所，但不能影响楼顶的特色造型。幼儿园的建筑应满足保教需求以及将幼儿心理、生理和行为学融入设计中去，如童话中的城堡、积木构建的形象等，如图 6-118 ～图 6-127 所示。

建筑内的房舍，一般有生活用房、服务用房和供应用房三类。生活用房包括活动室、寝室、乳儿室、配乳室、喂奶室、卫生间（包括厕所、盥洗、洗浴）、衣帽储藏室、音体活动室等；服务用房包括医务保健室、隔离室、晨检室、保育员值宿室、教职工办公室、会议、值班室（包括收发室）及教职工厕所、浴室等；供应用房包括幼儿厨房、消毒室、烧水间、洗衣房及库房等。在实际的应用中，全日制幼儿园将活动室与寝室合并设置，严禁将幼儿生活用房设在地下室或半地下室。幼儿园房舍分布既要符合上述主要功能的需要，还要让空间分布便于幼儿生活和活动，利于紧急状况下的交通疏散。

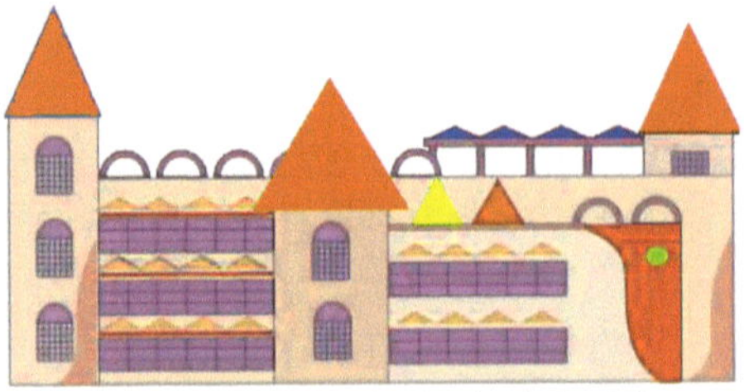

图 6-118　幼儿园建筑造型效果图

图 6-119

注：幼儿园建筑融合了童话城堡的造型，设计具有层次感，采光效果好，色调温暖纯净，充分体现了幼儿园特点，营造了浓郁的幼教氛围

图 6-120　幼儿园日景

注：现代简约的建筑风格，具有时代感

图 6-121　幼儿园夜景

注：巧妙的霓虹灯设计让园所的夜景更美

图 6-122　幼儿园建筑正面

注：猫形象的幼儿园建筑生动有趣，“猫”的眼睛是窗户，嘴是来往的门，设计十分巧妙

图 6-123　幼儿园建筑内部

注：建筑内部的设计宽敞明亮

图 6-124　幼儿园建筑侧面

注：建筑侧面的造型设计充分地考虑到了幼儿园的室内采光

图 6-125　现代几何造型的建筑

图 6-126　椎体造型的建筑

图 6-127　城堡造型的建筑

（二）幼儿园的绿化

《幼儿园工作规程》明确指出：“应根据幼儿园的特点，绿化、美化园地。”1988年国家教育委员会和建设部印发的《城市幼儿园建筑面积定额（试行）》中规定：“绿化用地每生不少于2平方米，有条件的幼儿园要结合活动场地铺设草坪，尽量扩大绿化面积。”目前大部分幼儿园绿地面积过小，户外场地以水泥地为主，条件好一点的会配备地塑，既方便幼儿运动，又方便场地维护。但是无论从活动开展，还是从环保角度来说，绿草地都是最好的。绿化不仅是美化环境的重要内容，也是净化空气、调节环境的有效方法，特别是室外绿化为幼儿开展户外活动提供了有利条件。“幼儿园的绿化包括铺设草坪，设置由较为高大的常绿树形成的绿墙和由

较矮的常绿灌木丛形成的绿篱组成，既起到绿化、美化的作用，又可挡风、隔音及分隔空间，还可在空地的正中或两侧设置花坛。由于目前幼儿园室外场地面积有限，还可利用长廊、窗台、室外墙边、墙壁，放一些花盆、花箱、花槽或种植一些攀缘植物或垂吊植物，进行垂直绿化，为幼儿园增添绿色和生机。”严禁种植有毒带刺的植物，游戏场地、绿化等用的围护、遮拦设施应安全、美观、通透。

绿化对户外环境的美化作用如下：一是植物本身形象与色彩的美；二是可以组织空间，丰富空间的层次；三是使环境条件改善并富有生气，使人感受到空间的亲切和充实。幼儿园绿化时，植被要以常绿为主，适当栽种一些四季分明的树木，便于幼儿观察和了解随着季节气候的变化，树木色彩与生长特征的变化。还可以点缀不同季节的各种花卉，栽种一些具有本地特色的果树，有利于幼儿认识和了解家乡特产，增进对家乡的感情。绿化植物要定期按照固定的造型修剪。在栽种植物时，也要考虑其颜色的对比与协调，如图 6-128 ～图 6-135 所示。

图 6-128　幼儿园绿化（一）

注：用鹅卵石在草坪上修建小路，美观、安全

图 6-129　幼儿园绿化（二）

注：高大的常绿树与较矮的灌木丛形成鲜明的对比

图 6-130　幼儿园绿化（三）

注：以草坪和绿篱作为户外活动区域的分隔手段，使幼儿在绿丛中能安全地尽情游戏

图 6-131　幼儿园绿化（四）

注：用藤本植物搭建的拱形门

图 6-132　幼儿园绿化（五）

注：用各种颜色的花卉进行点缀

图 6-133　幼儿园绿化（六）

注：定期按造型修剪树木、花草，对造一个有序、整齐、美丽的绿化环境

图 6-134　幼儿园绿化（七）

注：垂直绿化可以节省幼儿园的户外空间

图 6-135　幼儿园绿化（八）

注：种植病虫害少的果树进行绿化

（三）装饰景点

装饰景点能够丰富和提升幼儿园艺术环境的品位，起着突出、点缀、体现特色、增添情趣的作用，同时也为幼儿提供了活动、休息的场所，并能满足幼儿视觉的审美需求。

景点造型要给幼儿以亲切的感觉。因而，不宜建造尺寸过大的景点，形象造型要有情趣和生动感，使幼儿喜爱和感到好奇，同时也能启迪他们的思维，丰富他们的想象，提高他们的欣赏能力。

装饰景点的色彩要符合儿童的视觉感受，宜鲜艳明快，内容要富有创意，并适合幼儿理解和认识。比如，迷宫、游戏城堡、蘑菇亭、动物造型、幼儿形象造型、假山、花卉形象造型、游戏洞、爬山石壁、喷泉、坐凳等，如图 6-136 ～图 6-146 所示。

图 6-136　幼儿园装饰景点布置（一）

注：教学楼旁边设计了假山、拱桥和水池景观，给园内增添了不一样的风景，好似一个小桥流水人家

图 6-137　幼儿园装饰景点布置（二）

注：幼儿园建造了一个大型的水系景观——“鱼乐园”，利用天然石材，真实地再现了俊秀唯美的自然景观，既是幼儿观察自然的园地，也是他们嬉戏的好场所

图 6-138　幼儿园装饰景点布置（三）

注：幼儿园室外一角作为美化景点，树下三只小鹿好似幼儿的一家三口，充满温馨的氛围

图 6-139　幼儿园装饰景点布置（四）

注：用小巴士改造的景点，色调与整体环境相融合，幼儿可以在公交车内进行角色扮演等活动

图 6-140　幼儿园装饰景点布置（五）

注：利用巴士改造的游戏空间，配有粉色的长椅、沙发、书架等家具，幼儿可以在“房车”里进行“娃娃家”的游戏活动，增加了趣味性和新鲜感

图 6-141　幼儿园装饰景点布置（六）

注：在园区打造出户外营地的景点，绿色的军旅车成“营地”的主体物，用轮胎装饰的路边更增加了营地的气氛

图 6-142　幼儿园装饰景点布置（七）

注：幼儿园主建筑旁布置了一处景点，卡通人物、彩色蜡笔与书写白板合为一体，体现幼儿园的形象

图 6-143　幼儿园装饰景点布置（八）

注：夸张的荷花雕塑点缀了夏日的园区，整体造型美观大方，有种“映日荷花别样红”的意味

图 6-144　幼儿园装饰景点布置（九）

注：景观内摆放了多种盆栽，使得环境清新自然，仿佛一个世外桃源。设计的巧妙之处在于遮阳的草棚和轮胎改造的座椅

图 6-145　幼儿园装饰景点布置（十）

注：在树上建造的木屋，上面装有彩色的玻璃窗与吊桥，对幼儿有很强的吸引力。这个与自然融为一体的景观设计，能让幼儿从不同的角度观察、探索和冒险

图 6-146　幼儿园装饰景点布置（十一）

注：“书”上绘制了涂鸦页面进行装饰，不仅贴近幼儿的学习生活，而且新奇、美观

景点的分布要合理，不能集中于某一地域，更不能设置于幼儿园的主要活动区域，影响幼儿活动的开展。

优秀作品欣赏

1. 幼儿园各功能室欣赏

如图 6-147 ～图 6-167 所示。

图 6-147　美工坊

图 6-148　社会实践坊——超市

图 6-149　社会实践坊——理发店

图 6-150　社会实践坊——照相馆

图 6-151　社会实践坊——邮局

图 6-152　社会实践坊——银行

图 6-153　社会实践坊——医院（一）

图 6-154　社会实践坊——医院（二）

图 6-155　生活实践坊（一）

图 6-156　生活实践坊（二）

图 6-157　多功能室——咖啡吧

图 6-158　多功能室——音乐活动区

图 6-159　多功能室——科学活动区

图 6-160　多功能室——生活实践区（一）

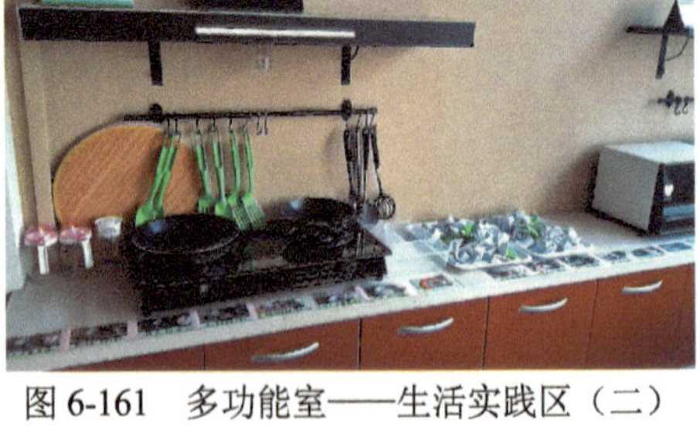

图 6-161　多功能室——生活实践区（二）

图 6-162　多功能室——生活实践区（三）

图 6-163　多功能室——娃娃家

图 6-164　社会体验室（一）

图 6-165　社会体验室（二）

图 6-166　科学活动室（一）

图 6-167　科学活动室（二）

2. 幼儿园户外环境欣赏

（1）幼儿园建筑欣赏如图 6-168 ～图 6-174 所示。

图 6-168　幼儿园建筑（一）

图 6-169　幼儿园建筑（二）

图 6-170　幼儿园建筑（三）

图 6-171　幼儿园建筑（四）

图 6-172　幼儿园建筑（五）

图 6-173　幼儿园建筑（六）

图 6-174　幼儿园建筑（七）

(2) 幼儿园绿化欣赏如图 6-175 ～图 6-178 所示。

图 6-175　幼儿园绿化（一）

图 6-176　幼儿园绿化（二）

图 6-177　幼儿园绿化（三）

图 6-178　幼儿园绿化（四）

(3) 幼儿园装饰景点欣赏如图 6-179 ～图 6-184 所示。

图6-179　幼儿园装饰景点(一)

图6-180　幼儿园装饰景点(二)

图6-181　幼儿园装饰景点(三)

图6-182　幼儿园装饰景点（四）

图6-183　幼儿园装饰景点（五）

图6-184　幼儿园装饰景点（六）

课后思考与练习

1. 观摩幼儿园各功能室环境及幼儿园户外环境，写一份关于幼儿园环境的观察记录。

2. 以一个功能室为例，进行环境的布置。

3. 参观一所幼儿园，分析这所幼儿园的户外环境创设布局，是否真正有利于幼儿发展，是否与周围环境、与大自然协调和融合。

参考文献

迟海，2011．幼儿园环境与设计丛书．长沙：湖南美术出版社．
戴文青，2005．学习环境的规划与运用．南京：南京师范大学出版社．
国家教师资格统一考试规划教材编写组，2016．保教知识与能力（幼儿园）．北京：人民出版社．
黎志涛，2006．幼儿园建筑设计．北京：中国建筑工业出版社．
刘焱，何梦燚，2014．幼儿园教育环境创设．北京：高等教育出版社．
邱秀君，吕袁媛，2012．手工制作教程．北京：高等教育出版社．
汝茵佳，2012．幼儿园环境与创设．北京：高等教育出版社．
师道教师资格考试教研中心，2016．保教知识与能力一本通——幼儿园．北京：中国人民大学出版社．
汤志民，2012．幼儿园环境创设指导与实例．上海：华东师范大学出版社．
伍香平，2010．幼儿园环境创设丛书．武汉：湖北少年儿童出版社．
线亚威，2004．KIS 幼儿园形象设计．沈阳：辽宁人民出版社．
徐健，2010．幼儿园环境创意设计丛书．南京：江苏美术出版社．
幺丹彦，方燕，2002．让环境和材料与幼儿对话．北京：北京师范大学出版社．
袁爱玲，2010．幼儿园教育环境创设．北京：高等教育出版社．
袁爱玲，单文顶，等，2015．农村幼儿园环境创设问题与解决方案．北京：高等教育出版社．